Lernkrimi Russisch

W0011303

Миллионер в подвале

Anna Shibarova
D. M. Busek
Alexander Feldberg

Vokabeltraining
zum Buch!

Lerne die Vokabeln zu diesem Buch: Mit phase6,
Deutschlands führendem Vokabeltrainer.

Mit phase6 übst du deine Vokabeln über Computer,
Tablet und Smartphone mit Android oder iOS.

**Der Circon Verlag schenkt dir die erste
Vokabelsammlung zu seinen Büchern.
Nur erhältlich über diesen Link (QR-Code).**

www.phase6.de/s/a2666

 **Die Nr. 1 unter den Vokabeltrainern**

© Circon Verlag GmbH
Baierbrunner Straße 27, 81379 München
Ausgabe 2022
3. Auflage

Redaktion: Isabella Bergmann
Fachkorrektur: Anneliese Hoenack, Waldemar Kowel
Produktion: Ute Hausleiter
Titelillustration: Karl Knospe
Lernkrimi-Logo: Carsten Abelbeck
Gestaltung: red.sign GbR, Stuttgart
Umschlaggestaltung: red.sign GbR, Stuttgart

ISBN 978-3-8174-2151-0
381742151/3

Besuchen Sie uns auf Instagram und Facebook: circonverlag
www.circonverlag.de

Vorwort

Liebe Leserin, lieber Leser,

sicher zum Lernerfolg – mit Spaß und Spannung! Die Compact Lernkrimis mit ihrer Kombination aus Lektüre und didaktischem Übungsanteil eignen sich hervorragend, um breite Sprachkompetenzen in der Fremdsprache zu erwerben. Der Lerner wird dabei durch die spannende Handlung, das angemessene Sprachniveau und den stetig ansteigenden Schwierigkeitsgrad der Übungen gefördert und motiviert.

Entwickelt nach neuesten Erkenntnissen der Fremdsprachendidaktik, sind Compact Lernkrimis das ideale Medium für einen Lernerfolg im Selbststudium. Durch die kleinen Texteinheiten und den hohen Übungsanteil sind sie aber auch als Unterrichtslektüre bestens geeignet.

So lernen Sie mit Compact Lernkrimis:
- **Mit Begeisterung lernen:** Die packende Krimihandlung motiviert Sie beim Lesen des russischen Originaltextes.
- **Wissen intensivieren und erweitern:** Durch die Kombination aus didaktisch aufbereiteter Lektüre und textbezogenen Übungen testen und trainieren Sie Ihre Sprachkenntnisse effektiv. Vokabelangaben auf jeder Seite unterstützen Sie beim Lesen.
- **Systematisch lernen:** Knüpfen Sie an Ihr individuelles Sprachniveau an und setzen Sie sich eigene Lernziele.
- **Unabhängig sein:** Lernen Sie individuell – wo und wann immer Sie wollen.

Viel Spaß beim **spannenden Erlernen der russischen Sprache**
wünscht Ihnen

Prof. Dr. Christiane Neveling
Didaktik der romanischen Sprachen, Universität Leipzig

Inhalt

Петербургский детектив

Анна Шибарова

1 Музе́йный экспона́т

Де́ло бы́ло в феврале́. Го́род пла́кал... На́стя стоя́ла у окна́ и смотре́ла на ре́ку. Вид из окна́ университе́та, как на фо́то из туристи́ческого букле́та. На том берегу́ – царь Пётр Пе́рвый, сиди́т на коне́ 🛈. Спра́ва и сле́ва – жёлтые фаса́ды, бе́лые коло́нны. Но сего́дня всё се́рое. И Нева́, и не́бо, и дома́, и дворцы́... Хо́лодно, снег с дождём... Февра́ль.

пла́кать *uv*	weinen
дворе́ц *m*	Schloss, Palast
кошма́рный	alptraumhaft, schrecklich
боло́то *n*	Sumpf
иностра́нец *m*	Ausländer

«Краси́вый го́род наш Петербу́рг, – поду́мала На́стя. – Но кли́мат кошма́рный». Она́ посмотре́ла на царя́: «Заче́м ты постро́ил столи́цу на э́том боло́те?» Царь не отве́тил.

На́стя рабо́тает в университе́те, у́чит иностра́нцев ру́сскому языку́. Ей со́рок лет. «Кого́ у На́сти мно́го? – Студе́нтов. Чего́ у студе́нтов мно́го? – Тетра́дей». На́стя взяла́ кра́сную ру́чку и нырну́ла в рабо́ты студе́н-

Der legendäre „Eherne Reiter", der von Alexander Puschkin besungen wurde, ist ein Denkmal für Zar Peter den Großen. Es steht im Zentrum Sankt Petersburgs, gegenüber der Universität und am Fluss Newa.

тов, как в ре́ку. Когда́ она вы́нырнула, не́бо бы́ло уже́ не се́рое, а чёрное. Коро́ткий февра́льский день конча́лся.

«Что-то Пе́тя давно́ не звони́т...» – **вспо́мнила** На́стя. Пе́тя – её мла́дший брат. Он полице́йский. На́стя набра́ла но́мер.

нырну́ть *v*	(ein) tauchen
вспо́мнить *v*	sich erinnern
на́сморк *m*	Schnupfen
укра́сть *v*	stehlen
загоре́ться *v*	auflodern
ого́нь *m*	Feuer

– Пе́тя?

– Приве́т, сестра́. Апчхи́!

– Пе́тя! Что с тобо́й?!

– Апчхи́!

– Ты не заболе́л?

– Да нет, про́сто **на́сморк**.

– А, хорошо́. Ну, расска́зывай! Что но́вого на рабо́те? На́стя лю́бит, когда́ Пе́тя расска́зывает о свои́х рабо́чих дела́х. В де́тстве На́стя мечта́ла о криминали́стике. Но ма́ма с па́пой сказа́ли: «Криминали́стика – э́то не же́нское де́ло!» И На́стя ста́ла учи́телем.

– Из Кунстка....ааааапчихи́! ..меры.... укра..чхи! ...ли экспона́т.

– Из Кунстка́меры **укра́ли** ⓘ экспона́т! – в зелёных глаза́х На́сти **загоре́лся** весёлый **ого́нь**.

Кунстка́мера – э́то музе́й. Его́ откры́л Пётр Пе́рвый. Он совсе́м ря́дом, идти́ туда́ –

Wenn das Subjekt in einem Satz fehlt, der Satz also unbestimmt-persönlich ist, wird im Gegensatz zum Deutschen die 3. Person Plural verwendet: **укра́ли** = man hat etw. gestohlen (wörtl. sie haben gestohlen)

пять мину́т. В Кунстка́мере больша́я колле́кция «мо́нстров» – анатоми́ческих анома́лий. Царь Пётр Пе́рвый их **собира́л**.

– Мо́нстра укра́ли? – с интере́сом спроси́ла На́стя.

– Нееет... Из кита́йской колле́кции экспона́т, – отве́тил брат.

Упражне́ние 1: Како́го цвета́? Finden Sie die passende Farbe!

1. [f] бана́н		**a)** кра́сная
2. [ ] снег		**b)** се́рое
3. [ ] до́ллар		**c)** бе́лый
4. [ ] ро́за		**d)** чёрная
5. [ ] ночь		**e)** зелёный
6. [ ] не́бо в феврале́		**f)** жёлтый

– Приезжа́й ко мне сюда́? Хо́чешь?

– Хоч-ч-чу́! – **чихну́л** Пе́тя.

Ита́к, из кита́йской колле́кции Кунстка́меры укра́ли экспона́т. На́стя включи́ла компью́тер, откры́ла сайт музе́я. Вот легенда́рный кабине́т с «мо́нстрами». Вот этногра-

собира́ть *uv*	sammeln
чихну́ть *v*	niesen
маги́ческий	magisch

фи́ческие колле́кции. Се́верная Аме́рика: инде́йцы, шама́ны... А́фрика: **маги́ческие** пра́ктики, ма́ски...

Япо́ния: ге́йши и самура́и.
А вот и Кита́й!..
Вдруг в дверь **постуча́ли**:
«Тук-тук».
– Наста́сья Фили́пповна🛈,
вы ещё до́лго? Я хочу́
две́ри внизу́ закрыва́ть.
В дверя́х стоя́ла **вахтёр-ша** Жа́нна. **Бе́дная**. Сиди́т

постуча́ть *v*	anklopfen
вахтёрша *f*	Pförtnerin
бе́дный	arm
ску́чный	langweilig
замеча́ть *uv*	bemerken
стук *m*	Klopfen
испуга́ть *v*	erschrecken
ту́фелька *f*	Frauenschuh

внизу́ у вхо́да. Рабо́та **ску́чная**. И вы́глядит Жа́нна
ску́чно. Се́рая мы́шка. В Пи́тер прие́хала из прови́нции.
– Жа́нна, не закрыва́йте, пожа́луйста! Ско́ро прие́дет
мой брат.
– Пётр Фили́ппович? Хорошо́, коне́чно.
Она́ зна́ет, как зову́т Пе́тю. Всё ви́дит, всё **замеча́ет.**
– Спаси́бо, Жа́нночка!
– Не́ за что, Наста́сья Фили́пповна.
На́стя посмотре́ла на Жа́нну. «А глаза́ у неё голубы́е, –
поду́мала На́стя. – Ра́ньше я э́того не замеча́ла».
Но где же Пе́тя? На часа́х уже́ де́вять, в кабине́те
темно́. На экра́не компью́тера – сло́во «Кита́й». На́стя
кли́кнула мы́шкой...

🛈 Offiziell wird man in Russland
mit dem Vor- und Vaters-
namen (**и́мя** und **о́тчество**)
angeredet. **Наста́сья
Фили́пповна** ist Namensvette-
rin einer *femme fatale* aus Dosto-
jewskijs „Idiot".

– Изуча́ем музе́и на́шего
го́рода? – Пе́тя вошёл в
кабине́т без **сту́ка**.
– Ой, как ты меня́ **испуга́л**!
Ну говори́, что укра́ли из
кита́йской колле́кции?
– «**Ту-у-фельки**, ах эти ту-

у-фельки...» – **запéл** Пéтя хулигáнским гóлосом.

– Не понимáю.

– Хе-хе. Грýппа «Ленин-грáд»❶.

Нáстя лю́бит рéбусы и **загáдки**. И брат э́то знáет. Нáстя энергúчно закли́кала мы́шкой: «клик-клик».

Инь и янь, Шан и Чжоу, востóк и зáпад, земля́ и нéбо, тýфелька... Тýфелька!

– Укрáли вот э́ту тýфельку?

– Ааааптчхи́! – чихнýл Пéтя. – 1:0 **в твою́ пóльзу**.

Нáстя кли́кнула по фотогрáфии. «Тýфелька с ноги́ китáйской принцéссы. **Шёлк**, XVI век». Бéлая тýфелька с лéвой ноги́. Как краси́во. Но какáя же миниатю́рная нóжка былá у э́той принцéссы! И какáя стрáнная фóрма у э́той тýфельки. Онá **похóжа на** какóй-то цветóк. На рóзу? – Нет. На **тюльпáн**? – Тóже нет...

– Пéтя, я недáвно читáла оди́н китáйский ромáн. О трёх жéнщинах – бáбушке, её дóчери и вну́чке. Так вот. Когдá бáбушка былá мáленькой дéвочкой, ей **бинтовáли** ноги́. В Китáе был такóй идеáл красоты́: жéнская нóжка должнá быть мáленькой, как у ребёнка. Как же им бы́ло бóльно, э́тим мáленьким дéвочкам. **Вáрварство**!

Брат и сестрá смотрéли на

туфельку. Кто мог укра́сть э́ту вещь? С како́й це́лью? И где же втора́я ту́фелька?

Упражне́ние 2: Пра́вильно и́ли непра́вильно?
Welche Aussagen sind korrekt? Kreuzen Sie an!

1. a) На́сте со́рок лет. ❏
   b) На́сте со́рок пять лет. ❏

2. a) У Пе́ти грипп. ❏
   b) У Пе́ти нет гри́ппа. ❏

3. a) У Жа́нны зелёные глаза́. ❏
   b) У Жа́нны голубы́е глаза́. ❏

4. a) Кунстка́меру откры́л царь Пётр Пе́рвый. ❏
   b) Кунстка́меру откры́л царь Никола́й Второ́й. ❏

5. a) Жа́нна прие́хала в Петербу́рг из Москвы́. ❏
   b) Жа́нна прие́хала в Петербу́рг из прови́нции. ❏

6. a) На́стя всегда́ хоте́ла рабо́тать учи́телем. ❏
   b) На́стя не всегда́ хоте́ла рабо́тать учи́телем. ❏

Наконе́ц, На́стя вы́ключила компью́тер. Они **спусти́лись** по ле́стнице вниз, на пе́рвый эта́ж. В

спусти́ться *v*	heruntersteigen
улыба́ться *uv*	lächeln

вестибю́ле бы́ло темно́. То́лько свет от ноутбу́ка в ко́мнатке вахтёрши. Жа́нна бы́стро что-то писа́ла в ноутбу́ке. И **улыба́лась**.

– Она́ давно́ у вас рабо́тает? – спроси́л Пе́тя, когда́ они́ вы́шли из университе́та к Неве́.

– Давно́.

– Я её ра́ньше не замеча́л. Симпати́чная.

На у́лице бы́ло темно́. Над чёрной реко́й висе́ло чёрное не́бо. Как глаза́ ко́шек, горе́ли жёлтые **фонари́**. Пётр Пе́рвый на том берегу́ смотре́л на свой фантасти́ческий го́род. На университе́т, на музе́й, отку́да укра́ли кита́йскую ту́фельку.

Настя и Пе́тя бы́стро пошли́ к маши́не. По доро́ге реши́ли **зае́хать** в апте́ку. «На како́й же цвето́к похо́жа э́та ту́фелька? – ду́мала На́стя. – Нарци́сс? Гиаци́нт?.. Нет, **не то**».

фона́рь *m*	Laterne
зае́хать *v*	vorbeifahren
не то	*hier:* nicht richtig
засмея́ться *v*	in Lachen ausbrechen
очко́ *n*	*hier:* Punkt

А вот и апте́ка. «Я сейча́с», – сказа́л Пе́тя и вы́шел из маши́ны.

На́стя сиде́ла и смотре́ла на снег за окно́м. У́лица. Фона́рь. Апте́ка. На фаса́де до́ма – больши́е нео́новые бу́квы: «Бе́лый ло́тос». Вот оно́! Ну коне́чно!.. На́стя ве́село **засмея́лась**.

– Эй, ты чего́? С тобо́й всё в поря́дке? – Пе́тя уже́ открыва́л дверь маши́ны.

– Я поняла́ одну́ вещь!

– Ну?

– Экспона́т называ́ется «ту́фелька-ло́тос»!

– Молоде́ц, сестра́! Получа́ешь одно́ **очко́**. Счёт 2:0.

Упражне́ние 3: Что ли́шнее? Welches Wort ist das „schwarze Schaf"? Unterstreichen Sie!

1. укра́сть   заболе́ть   чихну́ть   на́сморк
2. учи́тель   вахтёрша   полице́йский   ту́фелька
3. ви́деть   смотре́ть   собира́ть   замеча́ть
4. свет   река́   фона́рь   ого́нь
5. весёлый   пла́кать   улыба́ться   смея́ться

2 Счёт 3:0

У́тром пого́да была́ уже́ лу́чше, и Пе́тя уже́ не чиха́л. На **бле́дном** не́бе **сла́бо** улыба́лось бле́дное со́лнце. В 11:00 утра́ Пе́тя стоя́л ря́дом с Кунстка́мерой. Вот зелёный фаса́д, его́ зна́ют все петербу́ржцы. Он откры́л тяжёлую дверь, вошёл в фойе́. О, да его́ тут встреча́ют! На ле́стнице стоя́ли два челове́ка. Большо́й и

бле́дный	blass
сла́бо	schwach
челове́ческого ро́ста	so groß wie ein Mensch
похо́жий	ähnlich
молча́ть *uv*	schweigen
отде́л *m*	Abteilung
охраня́ть *uv*	bewachen

ма́ленький. Ма́ленький – **челове́ческого ро́ста**. А большо́й – ме́тров шесть. Гига́нтская фигу́ра из чёрного де́рева. Они бы́ли немно́го **похо́жи**. Глаза́ у них бы́ли кру́глые. Но у гига́нта – весёлые, а у ма́ленького челове́чка – гру́стные. Деревя́нный гига́нт **молча́л**. А челове́чек бы́стро заговори́л:

– Вы из поли́ции, да? Меня́ зову́т Семён Семёнович Шанха́йский, я из кита́йского **отде́ла**. А э́то наш де́мон с о́строва Шри-Ланка́. Его́ подари́л нам царь. По леге́нде, он **охраня́ет** наш музе́й.

– Пло́хо же он его́ охраня́ет, – сказа́л Пе́тя. – Где храни́лся экспона́т?

– Иди́те за мно́й, – сказа́л Шанха́йский.

По ле́стнице они́ подняли́сь на второ́й эта́ж, до́лго шли по коридо́рам. Вот, наконе́ц, большо́й зал с металли́ческими шкафа́ми.

– Шкафы́ мы неда́вно купи́ли в Голла́ндии, – сказа́л Шанха́йский. – Вот здесь специа́льный шкаф для тексти́ля. С **вентиля́цией**. Ту́фелька-ло́тос снача́ла была́ в кита́йском за́ле, а пото́м Ива́н Ива́нович взял её сюда́.

– Кто тако́й Ива́н Ива́-нович?

– Наш Ива́н Ивано́вич Серде́чкин. Храни́тель кита́йской колле́кции.

– А почему́ он взял её сюда́?

– Экспона́ты из тек-сти́ля о́чень **не́жные**. А

вентиля́ция f	Lüftung
не́жный	*hier:* empfindlich
наде́ть v	anziehen
перча́тка f	Handschuh
коро́бка f	Kiste
пу́сто	leer
не́ту	*hier:* es fehlt

в за́лах лю́ди, свет... В э́том тёмном шкафу́ они́ отдыха́ют.

Шанха́йский **наде́л** бе́лые **перча́тки**, взял из шка́фа одну́ из **коро́бок**. Откры́л. В коро́бке бы́ло **пу́сто**. Глаза́ у него́ ста́ли ещё бо́лее гру́стными.

– Был экспона́т – и **не́ту**, – сказа́л он.

– Когда́ вы узна́ли, что коро́бка пуста́?

– Вчера́.

– Как э́то случи́лось?

– Пришла́ реви́зия. Они́ открыва́ли шкафы́, проверя́-ли. И вот.

– А почему́ не срабо́тала **сигнализа́ция**?

– Э́то больша́я зага́дка... Мы не зна́ем.

– У кого́ бы́ли ключи́ от э́того шка́фа? Кто отвеча́л за колле́кцию?

– Как я уже́ сказа́л, храни́тель Серде́чкин.

– Где он? Я хочу́ с ним поговори́ть.

– Ох, понима́ете... Э́то невозмо́жно.

– Почему́?

– Храни́тель в больни́це. Лежи́т в реанима́ции. У него́ инфа́ркт.

– Когда́ э́то случи́лось?

– Вчера́.

Упражне́ние 4: Глаго́лы. Geben Sie das Verb in der richtigen Form an!

надеть украсть спуститься снять
читать

1. Поли́ция не зна́ет, кто ___укра́л___ экспона́т.

2. Мы бы́ли наверху́, а пото́м _____ по ле́стнице вниз.

3. На́стя неда́вно _____ кита́йский рома́н.

4. Зима́, на у́лице хо́лодно. Ну́жно _____ перча́тки.

5. Здесь о́чень тепло́, мо́жно _____ пальто́.

Пётя просидéл в музéе весь день. Поговорил с коллéгами Сердéчкина, осмотрéл егó рабóчее мéсто. К вéчеру емý **казáлось, что** он давнó знáет их всех – и музéй-ных дам, и Шанхáйского, и гигáнта с весёлыми крý-

сигнализáция *f*	Alarmanlage
казáлось, что	es schien, dass
скóрая пóмощь *f*	Rettungs-dienst
влюблённый	verliebt
одинóкий	einsam
тихий	still
вéрить *UV*	glauben

глыми глазáми… «Эх ты, дéмон!» – сказáл он чёрной фигýре вéчером. А потóм написáл сестрé по вотсáп-пу «Всё, я закóнчил» и вышел из музéя к Невé.
Чéрез час они сидéли в кафé «Цáрская лóжа» и ели пельмéни.
– Ну давáй расскáзывай! – сказáла Нáстя. И Пётя рас-сказáл.
Итáк, вчерá в хранилище пришлá ревизия. Когдá они увидели, что тýфельки нет, Сердéчкину стáло плóхо. Приéхала машина **Скóрой пóмощи**. Хранитель ле-жит в реанимáции. У негó инфáркт.
– Бéдный Сердéчкин! – сказáла Нáстя. – Что он за человéк?
– Тихий, **влюблённый** в музéй.
– И навéрное, **одинóкий**. Он любил эту тýфельку, как ребёнка! Бéдный **тихий** Сердéчкин.
– Знáем мы этих тихих! Мóжет, он сам и украл эту тýфельку. А потóм прихóдит ревизия – и инфáркт.
– Пётя, не **вéрю**!
– Идеалистка!

На рабо́чем столе́ Сер-
де́чкина лежа́ла ста́рень-
кая Nokia. В исто́рии звон-
ко́в Пе́тю заинтересова́л
оди́н но́мер. Серде́чкин
ча́сто по нему́ звони́л.

Зо́лушка	Aschenputtel
шика́рный	schick
боти́нки *pl*	Schnürschuhe
сапо́г *m*	Stiefel
боя́ться *uv*	(sich) fürchten

– На кого́ зарегистри́рован но́мер?
– На Константи́на Ро́тикова.
– Вы прове́рили э́того челове́ка? Кто он?
– Бизнесме́н.
– А что за би́знес?
– Компа́ния «**Зо́лушка**».
– «Зо́лушка»?! Интере́сно...

У́тром в сало́н эксклюзи́вной о́буви «Зо́лушка» во-
шла́ же́нщина в чёрных очка́х. Она́ уже́ ви́дела э́тот
шика́рный дорого́й магази́н, но никогда́ туда́ не
входи́ла. А сего́дня вошла́.
– До́брый день! – энерги́чным го́лосом сказа́ла
де́вушка-продаве́ц в жёлтых **боти́нках**. – Чем я могу́
вам помо́чь?
– Пока́ не зна́ю. Но ду́маю, помо́чь мне вы смо́жете,
– отве́тила же́нщина. – Я ищу́ пода́рок для одно́й
да́мы. Она́ лю́бит краси́вую, нестанда́ртную о́бувь.
– У нас в сало́не вся о́бувь краси́вая и нестанда́ртная!
Сейча́с в мо́де этни́ческое. Интересу́ет?
– О да!
– Вот, наприме́р, тата́рские **сапоги́**. Не хоти́те?
– Не зна́ю... **Бою́сь**, для неё э́то сли́шком бана́льно.

– Окей. Я поговорю́ с ше́фом.

Де́вушка в жёлтых боти́нках вы́шла и ско́ро вер-
ну́лась. За ней шёл челове́к... Мужчи́на или же́нщи-
на? Нея́сно. Како́го **во́зраста**? Непоня́тно. Экстрава-
га́нтные квадра́тные очки́.
Ту́фли с дли́нными у́зки-
ми носа́ми.

– Вы и́щете пода́рок для
подру́ги? – спроси́л чело-
ве́к в квадра́тных очка́х.

– Нет, – отве́тила же́нщина.
И **объясни́ла**. У неё есть

во́зраст *m*	Alter
объясни́ть *v*	erklären
нефтя́ник *m*	*hier:* Erdöl-magnat
приглаша́ть *uv*	einladen
вы́брать *v*	aussuchen

брат. У бра́та – партнёр по би́знесу. У партнёра – жена́.
У жены́ ско́ро юбиле́й. Так вот, партнёр бра́та хо́чет
купи́ть жене́ пода́рок на юбиле́й. Но у него́ о́чень
мно́го рабо́ты и ма́ло вре́мени. Он **нефтя́ник**, живёт
в Тюме́ни❶. Ему́ ну́жно помо́чь. Жена́ лю́бит коллек-
цио́нную о́бувь. А сало́н «Зо́лушка» – э́то изве́стный
магази́н эксклюзи́вной о́буви. Лу́чший в го́роде.

– Да, лу́чший, э́то пра́вда, – сказа́л челове́к в ква-
дра́тных очка́х. – Окей, я
помогу́ ва́шему нефтя́ни-
ку из Тюме́ни. **Приглаша́ю**
ва́шего бра́та посмотре́ть
мою́ колле́кцию о́буви.
Мы вме́сте **вы́берем** мо-
де́ль.

❶ **Тюме́нь** ist eine Stadt in
Westsibirien, die 2555 km
von Sankt Petersburg entfernt
liegt. In den 1960er Jahren wur-
den hier große Erdöl- und Gas-
vorkommen entdeckt.

– Ах, спаси́бо! А как вас зову́т, прости́те?
– Называ́йте меня́ Ко́стя. Вот моя́ визи́тная ка́рточка.

Жéнщина взялá визи́тную кáрточку. «Константи́н Ро́тиков. Генерáльный дирéктор ООО Зо́лушка».

ООО	GmbH
снять *v*	*hier:* etw. abnehmen
болтáть *UV*	plaudern, sich unterhalten

– Спаси́бо. До свидáния, Ко́стя!

Жéнщина вы́шла из магази́на, прошлá мéтров сто по у́лице, **снялá** тёмные очки́. «Я всё сдéлала», – написáла онá в телефо́не. И чéрез секу́нду получи́ла по вотсáппу отвéт: «Су́пер, Нáстя! Получáешь очко́! Счёт 3:0». – «Ты где сейчáс?» – «В университéте. Мы тут с Жáнной **болтáем**. Приходи́ сюдá!»

Упражнéние 5: Антóнимы. Finden Sie im Text die Worte mit der gegensätzlichen Bedeutung!

1. говори́ть   молчáть

2. прекрáсный

3. плáкать

4. богáтый

5. надéть

6. спусти́ться

3   Опера́ция «Ры́жий»

– Ита́к, Пе́тя, – сказа́ла На́стя. – Вот а́дрес Ко́сти Ро́тикова. Он живёт на Петрогра́дской стороне́, приглаша́ет тебя́ посмотре́ть свою́ колле́кцию о́буви.

Ве́чером Пе́тя пое́хал на Петрогра́дскую. Здесь мно́го краси́вых домо́в в сти́ле «се́верный моде́рн». Пе́тя стоя́л у **воро́т**, пе́ред вхо́дом в оди́н из таки́х домо́в. Дверь откры́лась. Пе́тя вошёл во двор.

– Вы к кому́? – спроси́л охра́нник.

– К господи́ну Ро́тикову.

– Деся́тая кварти́ра.

Пе́тя подня́лся по ле́стни-

ры́жий *m*	Rotschopf
воро́та *pl*	Tor
анфила́да *f*	Enfilade, Zimmerflucht
блесте́ть *uv*	glänzen
вдоль	entlang

це. Мо́да нача́ла XX ве́ка: орна́менты, витражи́... «Как в музе́е», – поду́мал Пе́тя. Вот и масси́вная деревя́нная дверь с но́мером де́сять. Пе́тя позвони́л. Дверь откры́лась. Пе́ред ним стоя́л челове́к в квадра́тных очка́х.

– Вы от нефтя́ника из Тюме́ни? – спроси́л Ко́стя Ро́тиков. – О́чень прия́тно. Дава́йте посмо́трим колле́кцию.

Впереди́ открыва́лась **анфила́да** ко́мнат. **Блесте́л** парке́т. Блесте́ли о́кна. **Вдоль** стен, от по́ла до потол-

ка́ – шкафы́, в шкафа́х
о́бувь... И кака́я! «Ну то́чно
как в Кунстка́мере, – по-
ду́мал Пе́тя. – То́лько де́-
мона нет».

– Мо́жет быть, ва́шу да́му
интересу́ет исто́рия? – спроси́л Ко́стя. – Вот да́мская
ту́фелька эпо́хи Людо́вика XV. Сапо́г францу́зского
аристокра́та, XVII век. **Башма́к** санкюло́та, XVIII век.
Он по́мнит пари́жские у́лицы времён Францу́зской
револю́ции. Неплохо, да?

– Дааа... – сказа́л Пе́тя. – Но...

– А тут вот Евро́па конча́ется. И начина́ется А́зия.

– Ух ты! **Здо́рово!** – сказа́л Пе́тя с энтузиа́змом.

– Вас, ка́жется, А́зия интересу́ет? Вот япо́нские санда́-
лии «гэ́та». Кла́ссика. Но когда́ говори́шь о Япо́нии,
нельзя́ забыва́ть о Кита́е. О кита́йской культу́ре.

«Би́нго!» – поду́мал Пе́тя. И сказа́л:

– Я, зна́ете, неда́вно е́хал из Пи́тера в Москву́... и в
маши́не слу́шал аудиокни́гу ....эээ.... оди́н кита́йский
рома́н. О трёх кита́йских же́нщинах. Ба́бушке, до́чке
и вну́чке. Так вот, э́той ба́бушке что-то де́лали с нога́-
ми, когда́ она́ была́ ма́ленькой. И пото́м она́ **носи́ла**...
забы́л, как называ́ется. Похо́же на цвето́к... Но я за-
бы́л, на како́й.

– Э́та о́бувь, – сказа́л Ко́стя, – называ́ется «ту́фель-
ки-ло́тосы». В мое́й колле́кции таки́х ту́фелек нет. Но
я поду́маю, где их мо́жно **найти́**. Я так понима́ю, что
ваш нефтя́ник – челове́к...ээ... не бе́дный?

– Да, вы всё пра́вильно понима́ете. У моего́ нефтя́-
ника де́нег мно-ого.

Упражне́ние 6: Предло́ги. Setzen Sie die richtige
Präposition ein!

из в с в на с

Неда́вно На́стя была́ **1.** __в__ Москве́ **2.** _____
конфере́нции. Когда́ она́ е́хала **3.** _____ Москву́
4. _____ Петербу́рга, ря́дом **5.** _____ ней сиде́ла
де́вушка **6.** _____ ры́жими волоса́ми.

Че́рез па́ру дней Ко́стя Ро́тиков позвони́л Пе́те и ска-
за́л, что есть продаве́ц. Встре́ча в кафе́ «На́ши лю́ди»,
у метро́ «Ки́ровский заво́д». Челове́ка зову́т Ви́ктор.
Узна́ть его́ про́сто: он ры́жий.

– Пе́тя, на́до **загримиро-**
ва́ться! – сказа́ла На́стя.
В де́тстве она́ мечта́ла о
ци́рке. Хоте́ла быть кло́у-
ном. Но ма́ма с па́пой ска-

загрими- **рова́ться** v	sein Äußeres verändern
ке́пка f	Schirmmütze
боро́дка f	Bärtchen

за́ли: «Клоуна́да – не же́нское де́ло!» И На́стя ста́ла
учи́телем. В университе́те она́ откры́ла театра́льную
сту́дию. Неда́вно студе́нты игра́ли коми́ческие сце́н-
ки по Че́хову. Вот На́стя идёт в ко́мнатку, где лежи́т
реквизи́т. Берёт **ке́пку** и ма́ленькую **боро́дку**. На кого́
похо́ж Пе́тя в э́той ке́пке, с боро́дкой?

– Ле́нин в октябре́! 🛈 – **хохо́чет** На́стя.

– Ура́, **това́рищи**! – **кричи́т** Пе́тя. – Да зд-р-ра́вствует револю́ция!

– То́лько **споко́йно**, – говори́т На́стя. – Без фанати́зма.

„Lenin im Oktober" heißt der Film, der 1937 von Michail Romm gedreht wurde und so das kanonische Bild von Lenin und seiner Rolle in der Oktoberrevolution 1917 bestimmte.

Пе́тя е́дет на маши́не в далёкий от це́нтра **райо́н**. Это то́же Петербу́рг, но друго́й, не **пара́дный**. Тут нет ни дворцо́в, ни музе́ев. Индустриа́льная архитекту́ра. Из фабри́чных **труб** поднима́ется в не́бо се́рый **дым.** А вот и кафе́ «На́ши лю́ди». Гро́мко игра́ет му́зыка. «Вы слу́шаете ра́дио "Ру́сский шансо́н"!» За сто́ликом у окна́ сиди́т ры́жий мужчи́на. Пе́тя сади́тся ря́дом. Продаве́ц открыва́ет рюкза́к. В рюкзаке́ – ма́ленький пакети́к. «Ру́сский шансо́н» игра́ет всё гро́мче... Пе́тя смо́трит, как Ви́ктор открыва́ет паке́т... Вот она́, «ту́фелька-ло́тос»!

– Ти́хо, – говори́т Пе́тя. – Я из поли́ции. Закрыва́ем рюкза́к. Идём к маши́не. Вы **аресто́ваны**.

хохота́ть *uv*	lauthals lachen
това́рищ *m*	Genosse
крича́ть *uv*	schreien
споко́йно	ruhig
райо́н *m*	Stadtbezirk
пара́дный	festlich
труба́ *f*	Schornstein
дым *m*	Rauch
арестова́ть *v*	jmd. verhaften

«Чего́ у нас мно́го? – Сапо́г, башмако́в, боти́нок, ту́фелек». На́стя сиде́ла и проверя́ла тетра́ди. Вдруг ме́ссенджер ти́хо сказа́л: «блям-блям». Смс от Пе́ти: «Де́сять очко́в в мою́ по́льзу! Ту́фелька у меня́!» На́стя бы́стро за-

кры́ла тетра́ди. Вы́шла из кабине́та. Спусти́лась по ле́стнице вниз.

– Вы сего́дня так ра́но, Наста́сья Фили́пповна?
Жа́нна сиде́ла на ва́хте с ноутбу́ком.
– Да, меня́ брат ждёт. А вы, Жа́нночка, всё пи́шете...
– Я дру́гу пишу́, – сказа́ла вахтёрша.
На экра́не ноутбу́ка – страни́ца «ВКонта́кте»[i]. «А **ведь** Жа́нна краси́вая, – вдруг подума́ла На́стя. – И совсе́м не похо́жа на се́рую мы́шку... Зо́лушка е́дет на бал?» Но **вслух** На́стя спроси́ла:
– У вас есть друг?
– Да, – отве́тила Жа́нна. – В Пари́же.
– Ого́! Он францу́з?
– Он сам не зна́ет, кто он – францу́з или ру́сский.
– Из семьи́ эмигра́нтов?

– Да.
На́стя ви́дела, что Жа́нна хо́чет поговори́ть. Она́ стоя́ла и слу́шала. Жа́нна мечта́ет уе́хать в Пари́ж! Здесь в Петербу́рге она

Das soziale Netzwerk ist international unter der Abkürzung **VK** bekannt und existiert seit 2006. Die russische Entsprechung zu Facebook hat ihren Sitz in Sankt Petersburg.

одна́, без ма́мы и па́пы. Го́род, коне́чно, краси́вый. И рабо́тает она́ в хоро́ших места́х: музе́й, университе́т... Но рабо́та така́я ску́чная! Там **убо́рщицей**, тут вахтёр-

шей. **Пла́тят** ма́ло. И кли́мат в Пи́тере ужа́сный. И живёт она далеко́.

– А где вы живёте?

– Ой, у́лица Хо...ши.. Хо-ши-ми́-на. А́дрес идио́тский,
Наста́сья Фили́пповна! Дом 13, кварти́ра 13.

– Вы **суеве́рная**? Ве́рите в чи́сла?

– Да, немно́жко.

– Зна́чит, Жан ждёт Жа́нну в Пари́же?

– Жан мой **жени́х**! – говори́т Жа́нна. И **красне́ет** как
помидо́р.

Упражне́ние 7: Местоиме́ния. Ersetzen Sie das
unterstrichene Wort durch das passende Pronomen.

1. На́стя проверя́ла тетра́ди.

_____ .

2. Они иду́т к маши́не.

_____ .

3. Ко́стя позвони́л Пе́те.

_____ .

4. Челове́ка зову́т Ви́ктор.

_____ .

5. Она́ мечта́ла о ци́рке.

_____ .

6. У Жа́нны есть друг.

_____ .

В э́то вре́мя Пе́тя сиде́л в своём кабине́те. Сейча́с он уже́ не похо́ж на Ле́нина в октябре́. Напро́тив него́ сиде́л ры́жий Ви́ктор.

– Отку́да у вас э́та ту́фелька? – спроси́л Пе́тя.

– Челове́к позвони́л. Попроси́л найти́. Я нашёл.

– Вы зна́ли, что э́то музе́йный экспона́т?

– Не-ет, граждани́н нача́льник❶! Како́й экспона́т?! Я рабо́таю **чи́сто**!

плати́ть *uv*	zahlen
суеве́рный	abergläubisch
жени́х *m*	Bräutigam
красне́ть *uv*	erröten
чи́сто	sauber
чу́вствовать (себя́) *uv*	(sich) fühlen
перевести́ *v*	*hier:* versetzen
племя́нница *f*	Nichte

– Фами́лия «Серде́чкин» вам что-то говори́т?

– Пе́рвый раз слы́шу.

– Ла́дно, Ви́ктор. Посиди́те у нас, поду́майте.

Когда́ в кабине́т вошла́ На́стя, Пе́тя уже́ разгова́ривал по телефо́ну с врачо́м из больни́цы.

– Э́то я, Пётр Фили́ппович. Из поли́ции. Как **себя́ чу́вствует** пацие́нт Серде́чкин?

– Уже́ лу́чше. За́втра **переведём** из реанима́ции в кардиоло́гию.

– К нему́ кто-то прихо́дит?

– Же́нщины с рабо́ты. Ещё **племя́нница**.

❶ Diese Anrede bedeutet wörtl. „Bürger Chef!" und gehört zum Gefängnisjargon. Gefangene sprechen so die Aufsichtskräfte an. Hier suggeriert dieser Ausdruck eine Verbindung zur kriminellen Szene.

– Спаси́бо, до свида́ния.

Пе́тя с триу́мфом посмотре́л на сестру́. Сто очко́в в его́ по́льзу! Ту́фелька у него́! Вот он открыва́ет паке́т...

– Ааааа!

– Что с тобо́й, На́стя? Тебе́ пло́хо?

– Петь... Э́та ту́фелька...

– Что?

– ...с пра́вой ноги́!

Глаза́ у Пе́ти сейча́с кру́глые, как у де́мона с о́строва Шри-Ланка́.

– Ох, На́стя, я идио́т.

4   В сетях истории

И снóва Нáстя в университéте. Онá сидит за столóм, изучáет музéйный сайт. Ря́дом с фóто тýфельки – аннотáция: «Из коллéкции И. Башмакóва, 1918 год». Кто такóй И. Башмакóв? Google знáет всё. Так, посмóтрим...

«Мосьé Башмакóв, магазин дéтской óбуви... bashmakov.net» Нет, не то... А вот ужé интерéснее: «Башмакóв... китайст... Петербýрг-Петрогрáд.... коллéкция... револю́ция... эмигрáция...». И фотогрáфия Башмакóва. Глазá, как у Чéхова. Борóда, как у Львá Толстóго.

сеть *f*	Netz
пазл *m*	Puzzle
собрáться *v*	sich bereit machen etw. zu tun
остáться *v*	bleiben

И вот, наконéц, **пазл собрáлся**. Жил в Санкт-Петербýрге профéссор Ивáн Башмакóв. Занимáлся Китáем. Собрáл большýю коллéкцию. В 1917 годý в Петрогрáде случáется револю́ция. Чéрез год Башмакóв эмигрировал из Совéтской Росси́и. Поéхал сначáла в Берлин, потóм в Парúж. Лéвая тýфелька из коллéкции Башмакóва **остáлась** в Кунсткáмере. А что с прáвой тýфелькой?

«Пéтя, вы провéрили прáвую тýфельку?» – спроси́ла

На́стя по ме́ссенджеру. И че́рез три мину́ты полу-
чи́ла отве́т.

Упражне́ние 8: Па́ры. Ordnen Sie den Verben die
passenden Substantive zu!

1. [е] сиде́ть   a) по телефо́ну
2. [ ] разгова́ривать   b) на сестру́
3. [ ] посмотре́ть   c) о́бувь
4. [ ] носи́ть   d) в Кунстка́мере
5. [ ] оста́ться   e) за столо́м

Пе́тя в своём кабине́те. Напро́тив него́ – ма́ленький
челове́чек с гру́стными кру́глыми глаза́ми. Это Семён Семёнович Шанха́йский. Из кита́йского отде́ла
Кунстка́меры.
– Вы спра́шиваете, **настоя́щая** ли ту́фелька? Нет, ко-
не́чно, – сказа́л Шанха́йский. – Это **подде́лка**. Хотя́
рабо́та хоро́шая. Но это не
XVI век, а XXI. А мо́жно
спроси́ть, отку́да она́ у
вас?
– Вы прости́те, Семён Се-
мёнович, – **ла́сково** сказа́л Пе́тя. – Но вопро́сы здесь
задаём мы. А вы мо́жете идти́.
Когда́ Шанха́йский вы́шел из кабине́та, Пе́тя
написа́л сестре́ по вотса́ппу: «Прове́рили. Подде́лка».

настоя́щий	echt
подде́лка *f*	Fälschung
ла́сково	*hier:* freundlich

Настя прочитала ответ, подошла к окну... Итак, в 1918 году музей купил у профессора Башмакова «туфельку-лотос». В Петрограде **голод**. В стране Гражданская война❶. Красные **против** белых. Все против всех. Кризис, хаос, террор. И в это время музей покупает туфельку-лотос. А может быть, туфельку **конфисковали**? Настя посмотрела на царя на том берегу. Вот сидит на коне Пётр Первый. На ногах у него сапоги. Два сапога... Две туфельки... Настя закрыла глаза.

голод *m*	Hunger
против	gegen
конфисковать *uv*	beschlagnahmen
усатый	schnurrbärtig
попадать *uv*	geraten

XVI век. Вот сидит во дворце принцесса. На её бедных маленьких ножках – миниатюрные туфельки. Два белых лотоса. Принцесса сидит и ждёт жениха. Недели, месяцы, годы... XVIII век. Царь Пётр Первый, **усатый** гигант, строит город на финском болоте. Хочет сделать Россию Европой. Открывает Кунсткамеру, первый музей. Недели, месяцы, годы... XX век. Ленин в кепке делает в Петрограде большевистскую революцию. Профессор Башмаков эмигрирует в Париж. А левая туфелька **попадает** в Кунсткамеру. Она была там сто лет. И вот кто-то её украл. Но кто? И зачем?... Настя открыла глаза.

❶ Nach der Oktoberrevolution versuchten die Gegner (Weißgardisten) der Bolschewiki (Rotgardisten), ihre Herrschaft auch von außen niederzuschlagen. Es begann ein Bürgerkrieg, der sich auf ganz Russland erstreckte und zahlreiche Opfer forderte.

Больни́ца. Пе́тя сиди́т на сту́ле ря́дом с крова́тью. На крова́ти – храни́тель Серде́чкин. Ему́ уже́ лу́чше, он уже́ мо́жет говори́ть. Пе́тя сиди́т и слу́шает. Серде́чкин до́лго молча́л. Тепе́рь он расска́зывает.

– Китаи́ст Башмако́в был прекра́сным специали́стом. О́чень люби́л свой **предме́т**, ча́сто е́здил в Кита́й. В Кита́е нашёл себе́ жену́. **Преле́стную** Ксиаолиан. В перево́де с кита́йского – «ма́ленький ло́тос». Она́ его́ полюби́ла. У них роди́лся ребёнок. А пото́м **война́**, револю́ция... Колле́кцию конфискова́ли. Про-

предме́т *m*	*hier:* Fachgebiet
преле́стный	anmutig
война́ *f*	Krieg
возненави́деть *v*	verabscheuen, hassen
умере́ть *v*	sterben
потеря́ться *v*	verloren gehen
сотру́дник *m*	Mitarbeiter
чёрный ры́нок *m*	Schwarzmarkt
обменя́ть *v*	tauschen
селёдка *f*	Hering

фе́ссор всем се́рдцем **возненави́дел** большеви́стский режи́м. И бы́стро эмигри́ровал. Коне́чно, с семьёй. Они́ ничего́ не смогли́ взять с собо́й. То́лько две бе́лые ту́фельки, семе́йную рели́квию. Их носи́ла ба́бушка Ксиаолиан. По доро́ге случи́лась ужа́сная вещь. Ксиаолиан заболе́ла испа́нским гри́ппом. И **умерла́**. В Пари́ж Башмако́в прие́хал без люби́мой жены́. И по́нял, когда́ прие́хал, что ле́вая ту́фелька **потеря́лась**. А мо́жет, её укра́ли. Она́ оста́лась там, в большеви́стской Росси́и. И оди́н **сотру́дник** Кунстка́меры уви́дел её на **чёрном ры́нке**. **Обменя́л** на **селёдку**, принёс в музе́й. Стоя́л 1918 год.

– Отку́да вы всё э́то зна́ете, Ива́н Ива́нович?

– Я занима́лся исто́рией ту́фельки. В архи́ве нашёл **дневники́** Башмако́ва. Иска́л его́ семью́.

– Нашли́?

– Да, помо́г оди́н коллек-

дневни́к *m*	Tagebuch
прапра́внук *m*	Ururenkel
⚡ **Бо́же!**	Oh Gott!

ционе́р. Его́ зову́т Ко́стя Ро́тиков. У него́ мно́го конта́ктов в ра́зных стра́нах. В Пари́же Ко́стя нашёл **прапра́внука** Башмако́ва. Но э́то немно́го стра́нный молодо́й челове́к. Он не хо́чет идти́ на конта́кт.

– Когда́ вы в после́дний раз ви́дели ту́фельку?

– Пе́ред тем, как пришла́ реви́зия. **Бо́же**, како́й э́то был кошма́р! Они́ открыва́ют шкаф, а там...

Упражне́ние 9: Пра́вильно и́ли непра́вильно?
Unterstreichen Sie die richtige Variante!

Пе́тя сиде́л в **1.** больни́цу / больни́це и слу́шал **2.** Серде́чкин / Серде́чкина . Храни́тель расска́зывал о **3.** китай́стом Башмако́вым / китай́сте Башмако́ве . Когда́ **4.** случи́лся / случи́лась револю́ция, он с семьёй уе́хал из Росси́и в Пари́ж. Но его́ **5.** люби́мый / люби́мая жена́ умерла́, а ту́фелька потеря́лась. Когда́ Серде́чкин расска́зывал, **6.** ему́ / ей ста́ло пло́хо.

– Споко́йно, Ива́н Ива́нович! Вам нельзя́ **не́рвничать**.

– Но как я могу́ не не́рвничать! И сигнализа́ция не сраба́тала! Ой, воды́! Да́йте воды́!

– Споко́йно, Ива́н Ива́нович, споко́йно… Сестра́, позови́те до́ктора!

не́рвничать *uv*	nervös sein, sich aufregen
о́бщий	gemeinsam
выбега́ть *uv*	*hier:* hinausrennen
лете́ть *uv*	fliegen
незнако́мый	unbekannt
уво́литься *v*	kündigen

На́стя открыва́ет страни́цу «ВКонта́кте». Ли́ца, исто́рии, «ла́йки»… Baschmakow, Bashmakov, Bashmakoff… Вот тут интере́сный па́рень – Jean Bachmakoff, Paris. А кто э́то на фотогра́фии? «У вас с Жа́ном оди́н **о́бщий** друг»… Бо́же, да э́то же… На́стя **выбега́ет** из кабине́та. **Лети́т** раке́той по коридо́ру. Сбега́ет с ле́стницы вниз:

– Жа́нна! Жа́нна!

На ва́хте **незнако́мая** де́вушка.

– Я не Жа́нна, а Лю́ся.

– А где Жа́нна?

– Не зна́ю. **Уво́лилась.**

На́стя выбега́ет на у́лицу. Ве́чер. Нева́. Такси́.

Als «**спа́льный райо́н**» (wörtl. Schlafbezirk) wird eine vornehmlich aus einheitlich gestalteten Plattenbauten bestehende Vorstadt bezeichnet, die auch Trabantenstadt genannt wird.

– Куда́ е́дем?

– На у́лицу Хошими́на!

На́стя е́дет на се́вер. В спа́льный райо́н. Пане́льные типовы́е дома́. Вон она́, у́лица Хошимина. Дом но́мер трина́дцать. На́стя звони́т в домофо́н.

– Кто там?

– Жа́нна, откро́йте! Э́то я, Наста́сья Фили́пповна!

Па́уза. **Тишина́**. На́стя

тишина́	Stille
растéрянный	verstört
прихóжая *f*	Flur

ждёт. Наконе́ц, открыва́ется дверь. На́стя вхо́дит. Поднима́ется вверх по ле́стнице. Звони́т в кварти́ру трина́дцать.

– Здра́вствуйте! – говори́т Жа́нна.

У неё **растéрянный** вид. В **прихóжей** стои́т чемода́н. Жан-ждёт-Жанну-в Пари́же...

– Вы сказа́ли, что рабо́таете в музе́е, убо́рщицей. Жа́нна! Э́тот музе́й – Кунстка́мера? Да? Э́то вы взя́ли ту́фельку? Да?

Бе́дная се́рая мы́шка пла́чет. Зо́лушка не пое́дет на бал...

Упражне́ние 10: Запо́лните. Ergänzen Sie die Wörter in der richtigen Form!

Жа́нна приеха́ла в **1. Петербу́рг** _____Петербу́рг_____ из **2. прови́нция** _____. Она́ рабо́тала в **3. университе́т** _____ вахтёршей. Э́то о́чень **4. ску́чный** _____ рабо́та. Ну́жно сиде́ть внизу́ у **5. вход** _____, открыва́ть и закрыва́ть две́ри. Бе́дная Жа́нна.

– Не плачьте, Жанна. Давайте поговорим.
Настя и Петя сидят в кафе «Царская ложа».
– Ну, рассказывай! – говорит Петя.
– Они познакомились через социальные сети. Он **подал** ей эту идею с Кунсткамерой. Ведь это так близко – от университета идти пять минут. Она начала там работать уборщицей. В нужный день отключила сигнализацию. А Сердечкин, конечно, ничего не знал. Инфаркт с ним случился от нервного шока. Она потом ходила к нему в больницу. Сказала врачам, что племянница. Влюбилась она в этого Жана. И ещё она очень хотела уехать в Париж...

подать *v irr*	*hier:* eingeben
прапрадед *m*	Ururgroßvater
счастье *n*	Glück

– Но зачем Жану туфелька?
– Семейная реликвия... Он хотел сделать то, о чём мечтал его **прапрадед** китаист Башмаков. Хотел вернуть левую туфельку в семейный архив. Ты уже позвонил Сердечкину? Сказал, что экспонат вернули в музей?
– Сказал. Он плакал от **счастья**.
Настя с Петей смотрят в окно. За окном март, погода ужасная. Идёт дождь. Петя чихает.
– Апчхи!
– Слушай, у тебя опять насморк! Может, в аптеку?
– Нет, это нервное.
– Гм... Что с тобой, Петя?
– Я очень голодный. Надо поесть.

Они зову́т официа́нта.

– Как обы́чно, пельме́ни? – спра́шивает официа́нт.

– Нет, сего́дня **осо́бенный** день. Что вы мо́жете нам **порекомендова́ть**?

– Возьми́те шни́цель «А́ля Рю́рик». И́ли котле́ты «Ро́мановские».

осо́бенный	besonderer
порекомен-дова́ть *v*	empfehlen
зака́зывать *uv*	bestellen
адвока́т *m*	Anwalt

Пе́тя **зака́зывает** котле́ты, На́стя шни́цель. Они́ едя́т.

Вдруг Пе́тя смо́трит на На́стю и говори́т:

– Зна́ешь, она́ мне нра́вится.

– Что? Котле́та?

– Да нет. Ну как ты не понима́ешь... Я ведь не́сколько раз говори́л с ней. И она́... интере́сная де́вушка, э́та Жа́нна. Ну? Тепе́рь понима́ешь?

На́стя смо́трит на Пе́тю. И говори́т:

– Да, тепе́рь понима́ю...

– Но что же де́лать, сестра́? Ведь она́ в СИЗО❶.

На́стя смо́трит на дождь за окно́м. Вот уж и март. Ско́ро весна́.

На́стя смо́трит на Пе́тю. Улыба́ется и говори́т:

❶ **СИЗО** ist die Abkürzung für **сле́дственный изоля́тор** = Untersuchungshaftanstalt, in der Gefangene auf den gerichtlichen Urteilsspruch warten.

– Очко́ в мою́ по́льзу. Дава́й найдём хоро́шего **адвока́та**?

Пе́тя в отве́т чиха́ет:

– Апчхи́!

Упражне́ние 11: Найди́те слова́.

In diesem Gitternetz sind elf Wörter versteckt, die im Deutschen ähnlich klingen. Die übrigen Buchstaben ergeben hintereinander gelesen das Lösunswort.

К	Р	И	А	М	И	К	Н
Э	К	С	П	О	Н	А	Т
О	Л	А	Т	З	Л	Б	К
Т	И	Д	Е	А	Л	И	Р
О	М	И	К	Л	С	Н	А
Ф	А	С	А	Д	Т	Е	Ф
И	Т	У	Р	И	С	Т	Н
К	А	Ф	О	Р	М	А	И

Lösungswort (14 Buchstaben):

_____

Миллионер
в подвале

Д. М. Бьюсек

1 Магази́н приезжа́ет по среда́м

Семь утра́.

Как хорошо́ в лесу́ по́сле дождя́! Ни́на ра́да, что[i] реши́ла всё ле́то занима́ться спо́ртом по утра́м. Ма́ма Ни́ны говори́т, что у́тром бе́гать нельзя́ – пло́хо для **се́рдца**. Поэ́тому Ни́на про́сто хо́дит. Это то́же спорт. А когда́ идёшь, мо́жно смотре́ть: лес тако́й краси́вый! То́лько э́ти **ка́мни**
для но́вой доро́ги Ни́не
не нра́вятся. Доро́гу хо́чет стро́ить миллионе́р
Рубцо́в: по́ лесу, из го́рода в дере́вню Ма́лые
Ко́шки. Шоссе́ по́ лесу –
э́то о́чень пло́хо для

се́рдце *n*	Herz
ка́мень *m*	Stein
куст *m*	Busch
боти́нки *pl*	Schnürschuhe
лете́ть *uv*	fliegen; sausen
чемпио́н *m* по спри́нту *m*	Sprint-champion

эколо́гии. Но Ни́на не ве́рит в э́тот прое́кт. В дере́вне так всегда́: иде́и, пла́ны, а пото́м ничего́. Нет, Ни́на не хо́чет смотре́ть на ка́мни. Вот там – таки́е прекра́сные цветы́! И дере́вья! И **кусты́**! И **боти́нки**! Боти́нки?

[i] Im Russischen hat «**что**» zwei Bedeutungen. Es nimmt den Platz des Fragepronomens „**was**" und der Konjunktion „**dass**" ein.

Почему́ боти́нки? И но́ги?
– Ма́ма! Ааа! – Ни́на никогда́ не люби́ла бе́гать, но сейча́с **лети́т** в дере́вню, как **чемпио́н по спри́нту**.

Упражне́ние 1: Па́ры. Welche der folgenden Satzteile gehören zusammen? Ordnen Sie zu!

1. c Ни́на хо́дит	**a)** для эколо́гии.
2. Ни́на занима́ется	**b)** че́рез лес.
3. Доро́гу стро́ят	**c)** по утра́м.
4. Де́вушка не ве́рит	**d)** спо́ртом.
5. Э́то пло́хо	**e)** краси́вый.
6. Лес тако́й	**f)** в прое́кт.

– Что с тобо́й? Что тако́е? – ба́ба А́ня идёт по у́лице. В дере́вне у́тром ти́хо, все спят. И вдруг Ни́на – бежи́т и **ма́шет** рука́ми:

– Где **участко́вый**, ба́ба А́ня! Где он? Где ваш Ва-си́лий?

маха́ть *uv*	winken
участко́вый *m*	Bezirkspolizist
труп *m*	Leiche

– Он спит ещё. Вчера́ был его́ день рожде́ния. Друзья́ пришли́: тракторИ-сты❶ бы́ли, Се́ня и Во́ва, и Мари́на из магази́на. Среда́ же вчера́ была́. Магази́н прие́хал. Вот и посиде́ли все вме́сте. А тепе́рь Ва́ся спит. Да, что с тобо́й?

– Там... в лесу́... там **труп**!

– Ой. Не мо́жет быть.

– Пра́вда! В боти́нках! И но́ги! И...

– Э́то не труп. Э́то про́сто

кто-то спит. Я же тебе́ говорю́: вчера́ приезжа́л магази́н. Ты **тепе́рь** в го́роде живёшь, то́лько на кани́кулах ты здесь в дере́вне. Не зна́ешь ничего́. Ра́ньше тут был магази́н, в дере́вне. А тепе́рь нет. Тепе́рь то́лько маши́на, по среда́м приезжа́ет. **Автола́вка** называ́ется.

– Ба́ба А́ня! Я зна́ю автола́вку! Но там в лесу́ труп! А вы мне расска́зываете о магази́не!

Ни́на ду́мает, что ба́ба А́ня уже́ о́чень ста́рая и ничего́ не понима́ет.

– Ни́на. Ты в го́роде живёшь и не понима́ешь ничего́. По среда́м приезжа́ет магази́н, так?

– Так.

– А в магази́не что?

– Проду́кты?

– Да, я покупа́ю проду́кты, ты то́же. А други́е лю́ди покупа́ют там что? Во́дку они́ там покупа́ют. И пи́во. И вино́. А пото́м вот – спят весь четве́рг до **полу́дня**. И́ли до́ма, и́ли в лесу́. Уви́дишь, че́рез час э́тот труп бу́дет **живо́й**.

– Ба́ба А́ня! Он, э́тот труп, не из дере́вни.

– А отку́да?

тепе́рь	jetzt, nun
автола́вка *f*	mobiler Supermarkt
по́лдень *m*	Mittag
живо́й	lebendig
забо́р *m*	Zaun
пья́ный	betrunken
ды́рка *f*	Loch
полице́йский уча́сток *m*	Polizeirevier
обы́чно	üblich, gewöhnlich
заболе́ть *v*	erkranken
умере́ть *v*	sterben
уби́ть *v*	töten

– Из ви́ллы за **забо́ром**! Э́то бизнесме́н, Рубцо́в, на джи́пе всегда́ е́здит 🛈! Е́здил... Ду́маете, он то́же вчера́ в на́шей автола́вке во́дку покупа́л?

– Ну, мо́жет быть, не в автола́вке...
– Ба́ба А́ня. Я не зна́ю, **пья́ный** он и́ли нет, но у него́ в голове́ **ды́рка**.

Упражне́ние 2: Что ли́шнее? Welches Wort ist das „schwarze Schaf"?

1. го́род   дере́вня   лес   труп
2. во́дка   проду́кты   пи́во   вино́
3. дом   ви́лла   но́ги   магази́н
4. забо́р   голова́   нога́   рука́
5. ка́мни   цветы́   дере́вья   кусты́

Де́сять утра́.

Участко́вый Васи́лий Смирно́в стои́т и смо́трит на труп. Труп лежи́т в холо́дном подва́ле **полице́йского уча́стка** дере́вни Ма́лые Ко́шки. Дере́вня ма́ленькая, поэ́тому уча́сток – э́то дом Васи́лия и его́ ба́бушки А́ни.

Да, э́то не пе́рвый труп в его́ жи́зни. Но **обы́чно** где

> Viele Verben der Fortbewegung treten in Paaren auf. Ein Verb ist dabei immer auf ein Ziel (irgendwohin) gerichtet (g) und eines bezeichnet eine ziellose (hin und her) Bewegung (ug):
> **идти́** (g) – **ходи́ть** (ug)
> **е́хать** (g) – **е́здить** (ug)
> **везти́** (g) – **вози́ть** (ug)

труп, там всё поня́тно. **Заболе́л** челове́к и **у́мер**. И́ли год наза́д бы́ло: муж **уби́л** жену́, пья́ный был. То́же всё я́сно. А тут – что де́лал в лесу́ бизнесме́н? Миллионе́р Константи́н Рубцо́в! Никто́ его́ не видел. Он же всегда́ то́лько е́здил на маши́не. И то́лько с шофёром-**охра́нником**. И где э́тот охра́нник?

– Наве́рное, э́то была́ ма́фия. И́ли конкуре́нты, – говори́т ба́ба А́ня – большо́й специали́ст по миллио́нерам и их проблéмам.

– Ба́бушка, иди́ в ко́мнату, – говори́т участко́вый. – Тут хо́лодно.

– Ничего́, – говори́т ба́ба А́ня, – я в пальто́. Э́то тебе́ хо́лодно. И не за́втракал ты сего́дня. И голова́, наве́рное, **боли́т**.

Васи́лий ничего́ не говори́т, потому́ что ба́бушка права́. И потому́ что он не зна́ет, что де́лать. Он уже́ звони́л в го́род. Там сказа́ли: «Жди́те, за́втра прие́дут лю́ди. Никто́ не до́лжен ходи́ть к тру́пу». Что де́лать? Он тут оди́н, он же❶ не мо́жет сиде́ть там всю ночь. В лесу́! А е́сли придёт медве́дь? И́ли волк? А у Васи́лия и здесь рабо́ты мно́го. Поэ́тому труп тепе́рь лежи́т в подва́ле. И поэ́тому Васи́лий ду́мает: «Вот прие́дут полицéйские из го́рода, и пото́м у меня́ бу́дут больши́е пробле́мы...»

Ба́ба А́ня зна́ет, о чём он ду́мает.

– Ва́ся. Вот смотри́. Прие́дет поли́ция и спро́сит почему́ мы взя́ли труп, так? А мы им ска́жем: «**Ну и что!** Вот вам, пожа́луйста, труп, а вот вам, пожа́луйста, **уби́йца**». И нева́жно, что труп лежи́т не там, уби́йцу **ведь** мы **нашли́**. И всё хорошо́.

уби́йца *m/f*	Mörder
ведь	doch
находи́ть *uv*	finden
ба́бушкины ска́зки *f/pl*	Ammen- märchen

– Ба́бушка. Где я найду́ уби́йцу? А ты говори́шь: ма́фия, конкуре́нты – что я тут могу́ сде́лать?

– Ой, что ты слу́шаешь **ба́бушкины ска́зки**! Жена́ у него́ есть – вот она́ его́ и уби́ла. И́ли зна́ет, кто уби́л. Пойдём к ней и поговори́м.

Упражне́ние 3: Пра́вильно и́ли непра́вильно?
Welche Aussagen sind korrekt? Kreuzen Sie an!

1. Магази́н приезжа́ет по пя́тницам. ☐

2. Поли́ция прие́хала в сре́ду. ☐

3. Труп лежи́т в подва́ле. ☐

4. Уча́сток нахо́дится в до́ме Васи́лия ☐

5. Ба́ба А́ня – ма́ма уча́сткового. ☐

6. Ни́на не лю́бит ходи́ть по́ лесу. ☐

2 Бонапа́рт берёт след

По́лдень.

Тракторист Сёня не мо́жет откры́ть глаза́. У него́ о́чень боли́т голова́. Но он до́ма, в **посте́ли**. Это хорошо́. Пло́хо, что он не **по́мнит**, что де́лал вчера́, в сре́ду. Приезжа́л магази́н? Да. Он пил с Во́вой, Мари́ной и Ва́сей? Да. А пото́м? Ничего́. Стоп. Нет!

– Лю́да! – **кричи́т** он жене́. – Лю́дка! В лесу́ был медве́дь! Лю́дка! Дай воды́!

посте́ль *f*	Bett
по́мнить *v*	sich erinnern
крича́ть *uv*	schreien
напуга́ть *v*	erschrecken
снача́ла	zuerst
вдова́ *f*	Witwe
име́ть *uv*	haben, besitzen
щено́к *m*	Welpe

– Вот твоя́ вода́, – говори́т его́ жена́ Лю́да. – Нет у нас медве́дей.

– Он был! Мы с Во́вой его́ ви́дели! Мы его́ **напуга́ли**, и он убежа́л!

– Да-да. Вы с Во́вой. Вам с Во́вой пить на́до ме́ньше.

Участко́вый Васи́лий Смирно́в бы́стро поза́втракал и тепе́рь идёт в дом Рубцо́вых – говори́ть с жено́й уби́того. Это бу́дет о́чень неприя́тно. **Снача́ла** на́до рассказа́ть ей, что она́ тепе́рь **вдова́**. Пото́м…

– Ба́бушка, до за́втра мы уби́йцу не найдём.

– Найдём. Лю́ди всё зна́ют. И соба́ка твоя́ помо́жет. Ва́ся не ду́мает, что соба́ка им помо́жет. Он хоте́л **име́ть** большу́ю соба́ку. Когда́ ему́ год наза́д подари́ли **щенка́**, он назва́л его́ Бонапа́рт – соли́дное и́мя для полице́йской соба́ки. А тепе́рь что? Прошёл год, а Бонапа́рт – тако́й же ма́ленький, как был. Он хо́чет то́лько игра́ть и лю́бит всех люде́й, знако́мых и незнако́мых.

– Он не хо́чет иска́ть. Я нашёл ка́мень, кото́рым уби́ли Рубцо́ва. А Бонапа́рт с ним хо́чет то́лько игра́ть, и всё.

Упражне́ние 4: Отве́тьте. Beantworten Sie die Fragen zum Text!

1. Кто тако́й Бонапа́рт?

_____.

2. Почему́ у Се́ни боли́т голова́?

_____.

3. Кого́ уви́дел Се́ня в лесу́?

_____.

4. Почему́ в лесу́ нет следо́в?

_____.

5. Как зову́т жену́ Се́ни?

_____.

– Ну, э́то поня́тно. Дождь шёл всю ночь. **Следо́в** уже́ нет. Ничего́, Ва́ся. Ма́ленькая соба́чка – э́то то́же соба́ка. ❶

Im Russischen werden häufig Verkleinerungsformen (Diminutiva) benutzt. Zu erkennen sind die Verkleinerungsformen an den typischen Suffixen, z.B. **-очк/-ечк. соба́ка/соба́чка** – Hund/ Hündchen.

Бонапа́рт ма́шет **хвосто́м** и бежи́т к ви́лле за больши́м забо́ром.

Ви́та Рубцо́ва не лю́бит жён миллионе́ров, кото́рые ничего́ не де́лают. Вот Ви́та – то́же жена́ миллионе́ра. Но она́ молоде́ц, она́ рабо́тает весь день.

Упражне́ние 5: Запо́лните. Lesen Sie weiter und ergänzen Sie die russischen Entsprechungen der Wörter:

смý́зи   ли́тра   йо́гой   се́лфи   кино́а

С утра́ она́ занима́лась **1.** Yoga _____ и пила́тесом. Пото́м вы́пила два **2.** Liter _____ тёплой воды́ с лимо́ном. По́сле э́того до́лго медити́ровала. **Кро́ме того́** сде́лала сала́т из **3.** Quinoa _____ и **4.** Smoothie _____ из шпина́та. Сфотографи́ровала всё э́то для инстагра́ма. **Накра́сила но́гти** и сде́лала отли́чные **5.** Selfie _____ .

Хотéла **вы́ложить** всё в интернéт – но интернéта нé было! Катастрóфа. Хорошó, что позвони́ла подрýга Ля́ля из Москвы́.

– Ви́та! Когдá же мы поéдем к вам на Мальди́вы? Я хочý ви́деть вáше нóвое бýнгало!

след *m*	Spur
хвост *m*	Schwanz
крóме тогó	außerdem
накрáсить *v* **нóгти** *m/pl*	Nägel lackieren
вы́ложить *v*	*hier:* posten
⚡ **У́жас!**	*hier:* Ein Albtraum!
рóдина *f*	Heimat
ми́ленький	*hier:* niedlich

– Ля́ля! Кóстик хóчет сидéть в э́той дерéвне всё лéто! А тут всё врéмя нет интернéта, а телефóн рабóтает плóхо! Дáже нóгти я тут дéлаю самá! **У́жас**! А он говори́т: «Э́то **рóдина**! Нáдо жить тут». Дáже дорóгу тут хóчет стрóить. Сказáл, что на Мальди́вы мы поéдем зимóй.

– Но Ви́та! Зимóй мы ужé éдем в А́льпы!

Тут ктó-то звони́т в дверь, и Ви́та идёт открывáть с мобѝльным телефóном под ýхом.

– Ой, Ля́ля, извини́, тут пришли́ лю́ди, я тебé потóм позвоню́❶. Ой, а с ни́ми такáя **ми́ленькая** собáчка!.. Не знáю, что они́ хотя́т. Спрáшивают, когдá я послéдний раз ви́дела Кóстика. Ну всё, покá!..

– Ви́та И́горевна, вы сказа́ли, что после́дний раз ви́дели му́жа вчера́. А где? – спра́шивает Васи́лий. Но Ви́та ещё не мо́жет говори́ть. Она́ сиди́т

и **пла́чет** с Бонапа́ртом на рука́х. Пото́м выпива́ет ещё оди́н стака́н воды́.

– Ви́дишь, хорошо́, что мы взя́ли Бо́ню, – ти́хо говори́т ба́ба А́ня.

– До́ма. В семь ве́чера? И́ли в шесть? Я о́чень ра́но пошла́ спать. У меня́ боле́ла голова́. У меня́ всегда́ боли́т голова́ пе́ред дождём. Я ду́мала, он сего́дня ра́но уе́хал, когда́ я спала́...

– Его́ джип стои́т в гараже́, – ти́хо говори́т ба́ба А́ня.

– А его́ охра́нник? Когда́ и где вы его́ ви́дели? – спра́шивает Василий.

– Макси́ма? Не зна́ю. Не по́мню. Вчера́ он рабо́тал в саду́. А зна́ете, – вдруг Ви́та де́лает ва́жное лицо́. – Я ничего́ вам не могу́ говори́ть без моего́ юри́ста. Но я скажу́. Я зна́ю, кто э́то сде́лал! Э́то Мари́на! Его́ **бы́вшая**! Он её давно́ **бро́сил**.

– Кака́я Мари́на? – спра́шивает Ва́ся.

– Да на́ша Мари́на, – говори́т ба́ба А́ня, – из магази́на. Рубцо́в её **оста́вил** без де́нег. Она́ из Москвы́ сюда́, домо́й прие́хала. Снача́ла в дереве́нском магази́не рабо́тала, по́мнишь? А пото́м магази́н закры́ли. А у неё оте́ц у́мер и оста́вил ей маши́ну. Поэ́тому у неё тепе́рь автола́вка.

– Но у Мари́ны всё нор-
ма́льно, заче́м ей убива́ть
Рубцо́ва? – спра́шивает
Ва́ся.

ра́достно	freudig
убива́ть *uv*	töten
желе́зный	eisern, metallen

– Э́то нева́жно! – говори́т Ви́та. – Бы́вшие жёны всег-
да́ таки́е. – Вот тебе́ мя́чик! – Ви́та берёт мяч от пила́-
теса и броса́ет его́ в коридо́р. Бонапа́рт **ра́достно** бе-
жи́т за мя́чиком. – Кака́я же у вас хоро́шая соба́чка!

Упражне́ние 6: Словосочета́ния. Bilden Sie aus den
folgenden Nomen und Präpositionen sinnvolle Wortgruppen:

1. [е] без   **a)** мя́чиком
2. [ ] в   **b)** Москвы́
3. [ ] из   **c)** магази́н
4. [ ] за   **d)** пила́теса
5. [ ] от   **e)** де́нег

– Ду́маю, что Ви́та му́жа не **убива́ла**, – говори́т ба́ба
А́ня. Они́ вы́шли из воро́т ви́ллы и тепе́рь сидя́т у
желе́зного забо́ра.
– Э́то почему́? – спра́шивает Ва́ся. – Она́, коне́чно,
симпати́чная. Краси́вая. Но симпати́чные то́же мо́гут
убива́ть, нас в шко́ле поли́ции учи́ли.
– Она́ понра́вилась Бо́не.
– Ба́бушка! Бонапа́рту все нра́вятся!

– А пото́м, ты ви́дел, как она́ броса́ла Бо́не мяч? А тепе́рь **вспо́мни** ды́рку в голове́ Рубцо́ва. И тот большо́й ка́мень. Она́ да́же мяч норма́льно бро́сить не мо́жет. Уби́ть тако́го челове́ка, как Рубцо́в, таки́м ка́мнем – никогда́.

вспо́мнить *v*	sich erinnern
руль *m*	Lenkrad
опа́сно	gefährlich
бейсбо́льная кéпка *f*	Baseballkappe

Ба́бушка, коне́чно, не криминали́ст, но Ва́ся ду́мает, что она́ говори́т пра́вду.

– А вот Мари́на мо́жет. Она́ си́льная, – говори́т он. – И где её тепе́рь иска́ть? Автола́вка вчера́ уе́хала.

– Почему́ уе́хала? Мари́на вчера́, как и ты, то́лько пи́во пила́. Но она́ да́же по́сле пи́ва за **руль** не сади́тся, она́ спала́ сего́дня до́ма и весь день плани́ровала отдыха́ть. На́до поговори́ть с Мари́ной.

– А е́сли э́то **опа́сно**?

– Что опа́сно? Кто опа́сный? На́ша Мари́на? Не ду́маю. Ты ма́ленький был, не по́мнишь. А она́ тогда́ сама́ бро́сила э́того Рубцо́ва, а не он её.

– А почему́?

– Не нра́вилось ей, что он де́лал. Ну, ты меня́ понима́ешь. А тебе́ на́до иска́ть охра́нника, э́того Макси́ма!

Ба́ба А́ня поиска́ла в су́мке и нашла́ чёрную **бейсбо́льную кéпку**:

– Ви́та мне дала́. Макси́ма кéпка. Дава́й, Бо́ня, бери́ след!

– Ба́бушка, он не смо́жет!

Бонапа́рт лю́бит Васи́лия и всегда́ ду́мает: «Как пока-за́ть ему́, что я то́же участко́вый полице́йский, а не то́лько ма́ленькая соба́чка?» Он уже́ зна́ет, что де́лать и куда́ бежа́ть. Ва́ся не о́чень ве́рит Бонапа́р-ту, но бежи́т за соба́кой к ле́су.

Упражне́ние 7: Поря́док слов. Bringen Sie die Wörter in die richtige Reihenfolge!

1. бро́сила   ма́ленькой   мяч   Ви́та   соба́ке

   Ви́та бро́сила ма́ленькой соба́ке мяч .

2. Макси́ма   дала́   Ви́та   ке́пку   мне

   _____ .

3. спала́   По́сле   до́ма   Мари́на   рабо́ты

   _____ .

4. охра́нника   найти́   на́до   Макси́ма   Ва́се

   _____ .

5. э́ту   В   уе́хала   автола́вка   сре́ду   не

   _____ .

6. зна́ет   на́до   что   Соба́ка   де́лать

   _____ .

3   День без обе́да

Два часа́ дня.

Тракторист Во́ва сиди́т на тра́кторе и **мечта́ет** о пи́ве. Но сего́дня пи́во пить нельзя́. Сего́дня на́до рабо́тать. Он и Се́ня уже́ **отвезли́** в лес полови́ну камне́й для доро́ги, на про́шлой неде́ле. А тепе́рь на́до везти́ другу́ю полови́ну. А в лесу́ медве́дь. Во́ва пло́хо по́мнит, что де́лал вчера́, но зна́ет, что они́ с Се́ней ви́дели медве́дя. Нет, он не хо́чет е́хать в лес. Снача́ла он поговори́т с ба́бой Аней. Ба́ба А́ня всё зна́ет о медве́дях. Наприме́р, **боя́тся** они́ тра́ктора и́ли нет.

А ба́ба А́ня в э́то вре́мя и́щет Мари́ну. До́ма Мари́-

мечта́ть *uv*	träumen, wünschen
отвози́ть *uv*	hinbringen
боя́ться *uv*	sich fürchten
кровь *f*	Blut
стра́шно	*hier:* beängstigend
глу́пый	dumm
ба́нка *f*	Konserve
солёный огуре́ц *m*	Salzgurke
иногда́	manchmal

ны нет. Сосе́дка говори́т, что Мари́на пошла́ к Ни́не:
– У́тром все, кто не спал, ходи́ли смотре́ть на труп, а пото́м труп увёз Васи́лий. Поэ́тому тепе́рь все, кто не ви́дел труп, иду́т к Ни́не. Она́ им расска́зывает о ды́рке в голове́. Всем же интере́сно. Вот и Мари́на то́же пошла́.

«Интере́сно, – ду́мает ба́ба А́ня, когда́ подхо́дит к до́му Ни́ны, – вот ра́ньше лю́ди ходи́ли друг к дру́гу пе́сни петь, пироги́ де́лать... А тепе́рь – о ды́рках в голове́ разгова́ривать».

Да́же с у́лицы ба́ба А́ня слы́шит, как Ни́на гро́мко расска́зывает, уже́, наве́рное, в деся́тый раз:

– Вот така́я дыра́! Над гла́зом!.. И **кровь**!.. О́чень бы́ло **стра́шно**...

Упражне́ние 8: Когда́? Lesen Sie weiter und unterstreichen Sie sechs Zeitangaben!

«Ни́не всегда́ не нра́вилось, что Рубцо́в стро́ит доро́гу», – ду́мает ба́ба А́ня. – Всё вре́мя говори́ла про эколо́гию, приро́ду... То́же пра́вильно, коне́чно, но сейча́с, без прямо́й доро́ги, до го́рода часо́в пять... А тепе́рь?.. Рубцо́ва нет, а без его́ де́нег но́вой доро́ги нет. Ни́на, наве́рное, ра́да. Вот бежа́ла в лесу́ ра́но у́тром, уви́дела Рубцо́ва, взяла́ ка́мень... Нет. **Глу́пая** я. Ни́на была́ в лесу́ по́сле дождя́. А ка́мень бро́сили но́чью...»

– Ба́ба А́ня, а вы что здесь де́лаете?

А вот и Мари́на. Вы́шла из до́ма, в рука́х четы́ре больши́е **ба́нки солёных огурцо́в**. Ма́ма Ни́ны де́лает отли́чные огурцы́! Мари́на **иногда́** продаёт их в други́х дере́внях, куда́ е́здит с автола́вкой.

– Тебя́ ищу́, – говори́т ба́ба А́ня. – Поговори́ть на́до.

У забо́ра стои́т **ла́вочка**. Они́ садя́тся, Мари́на открыва́ет одну́ ба́нку, и они́ с ба́бой А́ней едя́т огурцы́. Ба́ба А́ня ещё не обе́дала, поэ́тому огуре́ц сейча́с – э́то о́чень хорошо́.

– Как ты? – **осторо́жно** спра́шивает ба́ба А́ня. Рубцо́в, для Мари́ны – давно́ бы́вший муж. Да, она́ его́ давно́ бро́сила. «Но и бы́вший муж – э́то то́же **ро́дственник**», – ду́мает ба́ба А́ня.

– Не зна́ю. **Жа́лко** его́, коне́чно. И стра́шно, что э́то случи́лось у нас в лесу́. Ба́ба А́ня, а мо́жет, э́то медве́дь его́?.. Мне Лю́да, жена́ Се́ни, говори́ла, что Се́ня ви́дел вчера́ но́чью медве́дя.

– Се́ня вчера́ и крокоди́ла мог ви́деть. Нет, кто-то 🛈 бро́сил в Рубцо́ва ка́мень. Ви́та Рубцо́ва говори́т, что э́то была́ ты.

– Я?! Вот глу́пая э́та Ви́та. Да, я его́ не люби́ла. Я зна́ла, что он плохо́й челове́к. Но я его́ не убива́ла. А вот его́ охра́нник – он, мо́жет быть, хоте́л его́ уби́ть.

– Почему́?

– А я его́ узна́ла. По́мнишь, ба́ба А́ня, я тебе́ расска́зывала: Ко́стя де́лал би́знес с одни́м партнё-ром, а пото́м зарабо́тал мно́го де́нег, а э́того пар-

🎯 Wird die Partikel «-то» an ein Fragepronomen angefügt, hat sie die Bedeutung „irgend-". Кто-то = irgendjemand

тнёра **посади́л в тюрьму́**? Сказа́л, что партнёр де́ньги **ворова́л**... Э́то всё была́ непра́вда, коне́чно.

посади́ть *v* **в тюрьму́** *m*	ins Gefängnis stecken
ворова́ть *uv*	stehlen
подро́сток *m*	Jugendlicher
уста́ть *v*	ermüden

– И поэ́тому ты от него́ ушла́, я по́мню.

– Да. Я э́того партнёра хорошо́ зна́ла, и он мне пока́зывал фотогра́фии своего́ мла́дшего бра́та. Он тогда́ был **подро́стком**, но у меня́ глаз хоро́ший. В про́шлую сре́ду ви́дела здесь э́того охра́нника. Э́то он.

– Кто, партнёр?

– Нет, ба́ба А́ня, партнёр у́мер давно́, в тюрьме́... А его́ мла́дший брат – заче́м, ду́маете, пошёл рабо́тать к Рубцо́ву охра́нником? Я пото́м ду́мала, сказа́ть Рубцо́ву и́ли нет?.. Но уе́хала, а че́рез неде́лю уже́ забы́ла.

Ба́ба А́ня ду́мает: «Ох. Не на́до бы́ло Васи́лию идти́ иска́ть Макси́ма. Опа́сно».

– Пойду́ я, Мари́на, домо́й. Васи́лий придёт, а у нас обе́да нет. Спаси́бо тебе́ за огурцы́.

Ба́ба А́ня уже́ подхо́дит домо́й, когда́ слы́шит го́лос тракторист́а Во́вы:

– Ба́ба А́ня! Хорошо́, что я вас нашёл! У меня́ пробле́ма! С медве́дем!..

Пять часо́в ве́чера.

Васи́лий о́чень **уста́л**. У него́ был то́лько оди́н бутербро́д. Ва́ся съел одну́ полови́ну, а другу́ю дал Бонапа́рту. Они бегу́т по́ лесу уже́ о́чень до́лго, и Ва́се **ка́жется**, что они́ бегу́т по кру́гу. Но вдруг Бонапа́рт бежи́т нале́во в кусты́ – и они́ выхо́дят к лесно́му **о́зеру**. Тут о́чень ти́хо. И никого́ нет. И́ли э́то то́лько ка́жется? Бонапа́рт ме́дленно идёт к куста́м о́коло о́зера, Ва́ся за ним.

Упражне́ние 9: Диало́г. Bringen Sie den Dialog in die richtige Reihenfolge!

a) – А заче́м?
b) – О твоём бы́вшем му́же.
c) – На́до поговори́ть.
d) – Что вы здесь де́лаете?
e) – О чём?
f) – Тебя́ ищу́.

1	2	3	4	5	6
d					

Макси́м не по́мнит, когда́ ел после́дний раз. Ка́жется, вчера́. А пил он то́лько во́ду из о́зера, и тепе́рь у него́ боли́т **живо́т**. Он сиди́т на ка́мне у воды́ и ду́мает. Вдруг он слы́шит ти́хое, но о́чень стра́шное «Рррр». «Медве́дь, – ду́мает Макси́м. – Тепе́рь мне коне́ц».

– **Ру́ки вверх!** У меня́ со-
ба́ка!

Макси́м поднима́ет ру́ки
вверх.

– Я ду́мал, э́то медве́дь.

ка́жется	wie es scheint
о́зеро *n*	See
живо́т *m*	Magen
Ру́ки вверх!	Hände hoch!

Или волк, – говорит он. Бонапарт рад комплименту и машет хвостом.

– Пистолет есть? – Вася **пытается** вспомнить, как его учили в полицейской школе.

– За **поясом**.

Вася аккуратно берёт пистолет.

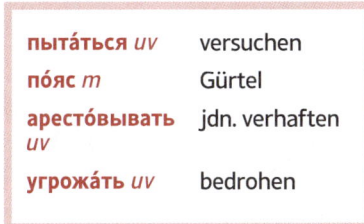

пытаться *uv*	versuchen
пояс *m*	Gürtel
арестовывать *uv*	jdn. verhaften
угрожать *uv*	bedrohen

– А почему вы меня **арестовываете**? Я ничего не сделал.

– Ты убил Рубцова, – говорит Василий. Уже почти вечер, он потерял очень много времени, когда бегал по лесу. А этот Максим – в лесу, с пистолетом – точно убийца.

Das reflexive Possesivpronomen **свой, своя, своё, свои** wird oft anstelle der Possesivpronomina **мой, твой**, usw. verwendet. Es hat die zusätzliche Bedeutung "eigene, -r, -s" und kann sich nur auf das Objekt im Satz beziehen: Моя профессия интересная. – Он любит **свою** профессию. – Er liebt **seinen/den** eigenen Beruf.

– Я не убивал! Это он хотел меня убить! Мы пошли вечером в лес, он сказал «погулять», потом взял мой пистолет, вот этот, начал мне **угрожать**... Я побежал через кусты, он тоже...

– А потом что?

– Не знаю. Я долго бежал. Потом устал. И дождь пошёл. Потом вернулся – он лежит в кустах, а на лице кровь. Я услышал, что кто-то идёт, испугался, взял свой ❶ пистолет и убежал сюда. Просто не

знал, что ещё де́лать. Реши́л, что посижу́ тут и поду́-
маю.

– Вот пойдём в уча́сток, там мо́жешь ду́мать.

Упражне́ние 10: Определе́ния. Ordnen Sie den
Wörtern die passende Definition zu!

1. b магази́н
2. ☐ кусты́
3. ☐ медве́дь
4. ☐ бутербро́д
5. ☐ по́яс
6. ☐ уча́сток

a) ме́сто рабо́ты полице́йского
b) там покупа́ют проду́кты
c) хлеб с ма́слом
d) в лесу́ есть дере́вья и...
e) он живёт в лесу́
f) он мо́жет быть на джи́нсах

4   Как напуга́ть медве́дя

Семь часо́в ве́чера.
Снача́ла Ва́ся хоте́л поса-
ди́ть Макси́ма в подва́ле.
Иде́я была́ така́я: Макси́м

напуга́ть *v*	erschrecken
сты́дно	peinlich

ви́дит труп, ему́ **сты́дно** и́ли стра́шно, и он расска́зы-
вает всю пра́вду. Но, когда́ они́ пришли́, ба́ба А́ня уже́
сде́лала у́жин. И Ва́ся, и Бонапа́рт хоте́ли есть, а на
Макси́ма бы́ло жа́лко смотре́ть – тако́й он был го-
ло́дный. Нет, снача́ла на́до бы́ло пое́сть.

Упражне́ние 11: Вопро́сы. Fragen Sie jeweils
nach dem unterstrichenen Satzteil!

1. Ба́ба А́ня приготóвила <u>у́жин</u>.

 Что приготóвила ба́ба А́ня?

2. Бонапа́рт нашёл <u>Макси́ма</u>.

_____.

3. Мари́на пошла́ <u>домо́й</u>.

_____.

4. Рубцо́ва мог уби́ть <u>его́ охра́нник</u>.

_____ .

5. Се́ня и Во́ва гуля́ли <u>в лесу́</u>.

_____ .

6. Рубцо́в угрожа́л <u>Макси́му</u>.

_____ .

– Ну хорошо́, э́то всё, – говори́т Васи́лий по́сле тре́-
тьей таре́лки, – вот ты говори́шь, что ты его́ не уби-
ва́л. А почему́ в лесу́ Рубцо́в вдруг взял твой писто-
ле́т и на́чал тебе́ угрожа́ть?

рома́н *m*	*hier:* Liebesaffäre
заду́мываться *uv*	nachdenken
вслух	laut, vernehmbar

– Не зна́ю, – ме́длен-
но говори́т Макси́м. –
Ка́жется, он ду́мал,
что у меня́ **рома́н** с
Ви́той.

– А был рома́н? – интересу́ется ба́ба А́ня.

– Нет! Но я ей мно́го всего́ расска́зывал... Наве́рное,
сли́шком мно́го... – Макси́м **заду́мывается**: «А она́,
наве́рное, рассказа́ла что-то Рубцо́ву. Поэ́тому он обо
всём знал».

– О чём знал? – спра́шивает Ва́ся.

Макси́м не заме́тил, что ду́мает **вслух**.

– Не могу́ вам сказа́ть.

– Да мы и так всё зна́ем, – говори́т ба́ба А́ня. – Рубцов узнал, что Максим – брат его бывшего партнёра, – говорит она Васе. – Рубцов воровал, а в тюрьму сел партнёр. И умер там.

отомстить *v*	sich rächen
изменить *v*	verändern
компромат *m*	belastendes Material
протрезветь *v*	ausnüchtern

– Ну вот, теперь всё понятно. Ты его убил, потому что хотел **отомстить** за брата, – Вася рад, что у него есть и убийца, и мотив.

– Это неправда! Да, я хотел отомстить! Но я не хотел убивать Рубцова! Я хотел тоже посадить его в тюрьму. Поэтому **изменил** фамилию и пошёл к нему работать. Искал на него **компромат**. И нашёл. А он об этом узнал.

– Ну всё, – грустно говорит Вася. – Опять у нас нет убийцы. И поздно уже.

– Поздно – это да, – говорит баба Аня. – А вот убийца у нас есть. Даже два.

– Кто? Они вместе работали? Максим и Вита? Или Вита и Марина? – начинает фантазировать Вася.

– Ох, – говорит баба Аня. – Нет, всё было не так. Вчера что было?

– Среда. И мой день рождения. И магазин приехал.

– Правильно. Все хорошо посидели, а потом?

– Я спать пошёл. Марина пошла домой.

– А Сёня с Вовой?

– Я помню, Марина им сказала: «Сейчас домой не идите, погуляйте в лесу. **Протрезвеете**, тогда по домам».

– Агá.

– Что «агá»?

– А вот слушай!..

Упражнéние 12: Найди́те слóва. In diesem Gitter-netz sind 8 Figuren aus der Geschichte versteckt. Welche sind es?

Ь	О	Л	С	Б	П	Р	О	Л	Т	Н	Ж
Л	З	У	Ч	А	С	Т	К	О	В	Ы	Й
О	В	Б	Ш	Б	О	Н	А	П	А	Р	Т
А	О	И	Ж	А	Ц	З	Р	В	Ъ	Х	Э
С	Ц	Й	Ф	А	И	Я	О	Р	Л	Д	Ч
Й	Б	Ц	Э	Н	Б	Ь	Ё	Ъ	Ш	Щ	З
У	У	А	Р	Я	В	Ф	П	О	Л	Д	Ж
Т	Р	А	К	Т	О	Р	И	С	Т	Ы	Э
Ф	К	Е	Н	Ш	М	Е	Д	В	Е	Д	Ь

...В срéду вéчером трактори́сты Сéня и Вóва пи́ли сли́шком мнóго. А ужé в лесý опя́ть вы́пили пи́ва. И вдруг – какóй-то **шум** в кустáх!

– Медвéдь! – сказáл Вóва.

– И́ли волк? – спроси́л Сéня.

– Нет! Так шуми́т тóлько медвéдь! Сéня, он идёт пря́-мо на нас! Что дéлать?

шум *m*	Geräusch, Lärm
фонáрик *m*	Taschen-lampe

– Вон там ка́мни для но́вой доро́ги! Броса́й в него́!

Се́ня и Во́ва не по́мнили пото́м, ско́лько бро́сили камне́й. Но медве́дь из кусто́в не вы́шел. И бо́льше не шуме́л.

– Наве́рное, мы его́ уби́ли, пойдём посмо́трим, – сказа́л Во́ва.

– Медве́дя так не убьёшь, – сказа́л Се́ня. – Мы его́ то́лько напуга́ли.

– Слу́шай, а е́сли он там сиди́т, в куста́х, и ждёт нас?

– Пойдём отсю́да, Во́вка, вон, уже́ и дождь начина́ется.

И они́ побежа́ли из ле́са домо́й...

Упражне́ние 13: Инфинити́в. Ergänzen Sie den Infinitiv!

1. пи́ли   пить

2. по́мнили   _____

3. идёт   _____

4. скажу́   _____

5. спроси́ли   _____

6. посмо́трим   _____

Оди́ннадцать часо́в ве́чера.

В лесу́ уже́ темно́. Ба́ба А́ня, Ва́ся и Макси́м стоя́т с **фона́риками**. Бонапа́рт их охраня́ет. Но в лесу́, кро́ме них, никого́ нет. Да́же медве́дя.

– Вот тут. Тут он лежа́л – и опя́ть бу́дет лежа́ть, – ба́ба Áня пока́зывает ме́сто, а Ва́ся и Макси́м **кладу́т** туда́ труп Рубцо́ва.

– И ка́мень дава́йте туда́ же. И ещё ка́мни. Вот он вчера́ ве́чером пошёл гуля́ть, то́же вы́пил, наве́рное, **упа́л** – и голово́й пря́мо о ка́мень. Кровь, в голове́ ды́рка, всё. И так и лежи́т тут со вчера́шнего дня. И никто́ ничего́ не **тро́гал**. Вот и хорошо́.

класть *uv*	*hier:* hinlegen
упа́сть *v*	fallen
тро́гать *uv*	berühren
сажа́ть *v*	stecken
за́пах *m*	Geruch
несча́стный слу́чай *m*	Unfall
рассле́довать *uv/v*	ermitteln

– И вы не ска́жете поли́ции, что э́то бы́ли трактори́сты? – спра́шивает Макси́м.

– Коне́чно, нет. Они́ испуга́лись медве́дя – не **сажа́ть** же их за э́то в тюрьму́? – говори́т Ва́ся. – Я вот не зна́ю, говори́ть Се́не и Во́ве, что они́ не медве́дя уби́ли, а челове́ка?

– Не на́до, – говори́т ба́ба Áня. – Но я им уже́ сказа́ла, что медве́ди лю́бят **за́пах** алкого́ля. Иногда́ да́же в дере́вню прихо́дят – е́сли кто-то пил о́чень мно́го. Мо́жет быть, помо́жет.

– А полице́йские не узна́ют, что вы бра́ли труп? – спра́шивает Макси́м.

– А кто им расска́жет? Ты? Они́ бу́дут то́лько ра́ды, что э́то **несча́стный слу́чай**. Ду́маешь, они́ хотя́т сиде́ть тут в дере́вне и **рассле́довать** уби́йство? У них и в го́роде дел мно́го. Я их хорошо́ зна́ю, – говори́т ба́ба А́ня.

Упражне́ние 14: Кроссво́рд. Finden Sie die gesuchten russischen Wörter und enträtseln Sie das Lösungswort!

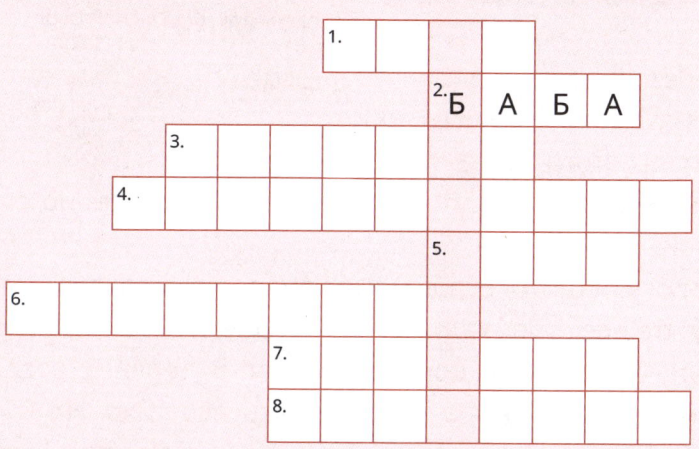

1. Das bringen die Dorfbewohner in den Wald.
2. Anja ist Vasjas ...
3. Damit kann man im Dunklen sehen.
4. Aus der Stadt kommen am nächsten Tag ...
5. Das verwischen die Dorfbewohner.
6. Das sucht Maksim.
7. Senja und Vova haben davor Angst.
8. Man bekommt Kopfschmerzen, wenn man zu viel davon trinkt.

Lösung: _____

– А о́бо мне вы им то́же ничего́ не расска́жете? – интересу́ется Макси́м.

– Нет. А е́сли тебя́ спро́сят, скажи́ им, что спал и ничего́ не зна́ешь. А о твоём компрома́те мы с Ви́той Рубцо́вой поговори́м.

то есть	nämlich
неизве́стно	unbekannt
парикма́херская *f*	Friseur-salon
сли́шком	*hier:* zu viel des Guten

Че́рез два ме́сяца.

Ни́на до́лго боя́лась, но тепе́рь опя́ть бе́гает, **то есть** хо́дит по́ лесу 🛈. Ле́то почти́ ко́нчилось, но ещё о́чень тепло́.

Доро́гу реши́ли стро́ить не че́рез лес, а вокру́г, потому́ что все стро́ители боя́тся медве́дей. То́лько **неизве́стно**, постро́ят доро́гу и́ли нет. В дере́вне всегда́ так: пла́ны, иде́и, а пото́м опя́ть всё ти́хо. Но Ви́та Рубцо́ва сказа́ла, что де́ньги бу́дут. Так что, мо́жет быть, бу́дет и доро́га. Сама́ Ви́та в дере́вне жить не хо́чет. У неё бу́нгало на Мальди́вах и кварти́ра в Москве́ – а здесь ей неинтере́сно. Поэ́тому ви́ллу она́ отдала́ бы́вшей жене́ Рубцо́ва, Мари́не. Ни́на ду́мает, что Ви́та Рубцо́ва – о́чень хоро́шая, же́нщина. А Мари́на откры́ла на ви́лле магази́н! И мечта́ет откры́ть ещё **парикма́херскую** и апте́ку – там мно́го ме́ста. Ни́на ду́мает,

🛈 Im Russischen gibt es einige einsilbige Präpositionen, z. B. **«на»**, **«по»**, **«за»**, **«из»**, **«без»**, die in Kombination mit bestimmten Substantiven die Betonung auf sich ziehen. Das nachfolgende Substantiv bleibt in solchen Fällen unbetont: **по́ лесу, и́з дому**.

что парикма́херская и апте́ка – э́то **сли́шком**. Э́то уже́ как в го́роде. Но как же хорошо́, что магази́н в дере́вне есть тепе́рь не то́лько по среда́м!

Упражне́ние 15: Пра́вильно или непра́вильно?
Welche Sätze sind inhaltlich falsch? Kreuzen Sie an!

1. Ни́на хо́дит по дере́вне. ☐

2. У Ви́ты кварти́ра в Москве́. ☐

3. Мари́на хо́чет откры́ть парикма́херскую. ☐

4. В дере́вне стро́ят магази́н. ☐

5. Ле́том о́чень хо́лодно. ☐

6. Ви́та отдала́ ви́ллу Мари́не. ☐

Убийство на вилле «Роза»

Александр Фельдберг

1   Труп на тре́тьем этаже́

Майо́ра🛈 Зве́рева разбуди́л телефо́н. Звони́л сержа́нт Торопы́гин.

– **Уби́йство** в Жу́ковке, това́рищ майо́р, – сказа́л сержа́нт. – Уби́т Рома́н Забе́лин. Миллионе́р, но́мер шестьдеся́т пять в росси́йском ре́йтинге «Форбс».

– По́нял. Е́ду. Зве́рев посмо-
тре́л на часы́. Бы́ло два часа́
но́чи.

В маши́не у майо́ра игра́ла му́-
зыка. «Твоя́ любо́вь меня́ уби-
ва́ет, и се́рдце моё **страда́ет**», –

уби́йство *n*	Mord
страда́ть *uv*	leiden
табли́чка *f*	Schild
труп *m*	Leiche

пел же́нский го́лос. «Хорошо́ начина́ется день», –
поду́мал майо́р. Че́рез со́рок мину́т он прие́хал в
Жу́ковку. Жу́ковка – э́то дере́вня под Москво́й. Там в
больши́х краси́вых дома́х живу́т бога́тые лю́ди. Май-
о́р останови́л маши́ну у
высо́кого до́ма с **табли́ч-
кой** «Ви́лла Ро́за». В до́ме
майо́ра ждал сержа́нт
Торопы́гин.

🛈 Die Polizisten in Russland
tragen militärische Titel wie
Major oder Sergeant. Die
zusätzliche Anrede «**това́рищ**»
(Genosse) ist aus der sowjeti-
schen Zeit erhalten geblieben.

– **Труп** наверху́, на тре́ть-
ем этаже́, – сказа́л сер-
жа́нт. – Лежи́т на полу́. Хоти́те посмотре́ть?

72

– Не **убежи́т**, – отве́тил Зве́рев. – Ря́дом с тру́пом **нашли́** что-нибу́дь?

– **Охо́тничий нож**...

– Нож?

– Да, им уби́ли Забе́лина. И **пу́говицу**...

– Каку́ю пу́говицу?

– Ма́ленькую се́рую пу́говицу, това́рищ майо́р.

Они́ стоя́ли в большо́й гости́ной с высо́ким потолко́м. Зве́рев сел за дли́нный стол. На столе́ стоя́ли

убежа́ть *v irr*	weglaufen
найти́ *v*	finden
охо́тничий нож *m*	Jagdmesser
пу́говица *f*	Knopf
похо́же	es scheint, anscheinend
по́вар *m*	Koch
го́рничная *f*	Zimmer-mädchen
садо́вник *m*	Gärtner
по́лный	füllig

бока́лы с вино́м и буке́т роз в ва́зе. **Похо́же**, тут неда́вно бы́ли го́сти.

– Кто ещё есть в до́ме? – спроси́л майо́р.

– Жена́ Забе́лина, их дочь Ка́тя, **по́вар** и **го́рничная**. Ещё на ви́лле есть **садо́вник**, но он уезжа́ет на ночь домо́й.

– Поня́тно. Я хочу́ поговори́ть с жено́й Забе́лина.

В ко́мнату вхо́дит жена́ Забе́лина, Маргари́та. Э́то **по́лная** блонди́нка. Ей со́рок пять лет.

– У нас ве́чером бы́ли го́сти: моя́ подру́га Ле́на с му́жем Ко́стиком, – рассказа́ла Маргари́та майо́ру. – Рома́н сказа́л: «Прости́те, у меня́ голова́ боли́т» и пошёл к себе́. Когда́ го́сти ушли́, я почита́ла гороско́п на сле́дующий ме́сяц, я люблю́ гороско́пы...

– Пра́вда? – спроси́л Зве́рев.

– Коне́чно! Гороско́пы – э́то бу́дущее! Я хоте́ла прочитáть и гороскóп Рóмы. Он у меня **Рак**, родился в июле, любит **мечтáть.** И тут я услы́шала **шум**. Ктó-то **кричáл** наверхý. Поднялáсь в спáльню, а там… Маргари́та заплáкала.

– …там… Он лежи́т… В **крови́**… Он уви́дел меня́, **прошептáл**: «Вы́шел мéсяц из тумáна…» – и **ýмер**. Маргари́та снóва заплáкала.

– «Вы́шел мéсяц из тумáна, вы́нул нóжик из кармáна…» 🛈 – э́то же **дéтская считáлочка**? – сказáл Звéрев.
– Ну да, – **кивнýла** Магари́та. – Не знáю, что э́то знáчит… А вы не знáете?
– Покá нет, – отвéтил Звéрев. – Скажи́те, пожáлуйста, у Ромáна бы́ли **враги́**?
– Не знáю… Дýмаю, нет… Егó все люби́ли…

🎯 Ein bekannter Abzählreim beim Verstecken spielen: «**Вы́шел мéсяц из тумáна, вы́нул нóжик из кармáна, бýду рéзать, бýду бить – всё равнó тебé води́ть!**» Kommt der Mondschein aus dem Nebel, greift ein Messer, zückt ein Säbel, werd' ich stechen, werd' ich schlagen – ist egal, du musst uns jagen.

– Скажи́те, Маргари́та, а почемý ви́лла назывáется «Рóза»? – спроси́л майóр.

– Э́то бы́ли егó люби́мые цветы́. Он всегдá дари́л мне жёлтые рóзы, – отвéтила Маргари́та.

– Понятно, спаси́бо. Сержáнт, **позови́те** Кáтю, – сказáл майóр.

В ко́мнату вхо́дит Ка́тя. Как и мать, она́ **1.** блонди́нка /
брюне́тка , но не по́лная, а высо́кая. Ей
2. во́семьдесят / восемна́дцать лет.

– У роди́телей бы́ли го́сти, но они́ ску́чные, и я бы́стро
ушла́ в свою́ ко́мнату, – сказа́ла Ка́тя майо́ру.

– Что вы там де́лали?

– Смотре́ла инстагра́м. Му́зыку **3.** смотре́ла /
слу́шала . Писа́ла рабо́ту по неме́цкому – я студе́нтка.
Пото́м услы́шала, что ма́ма кричи́т. Побежа́ла к ней, а
там па́па лежи́т **4.** на полу́ / на стене́ в лу́же кро́ви.
Ма́ма пла́чет...

– Поня́тно. Бо́льше вы ничего́ не слы́шали?

– Ничего́.

– Скажи́те, Ка́тя, а почему́ ви́лла называ́ется «Ро́за»?

– По-мо́ему, так зва́ли па́пину **5.** ба́бушку / де́душку .
Ро́за Семёновна.

Ка́тя ушла́, и майо́р сказа́л
сержа́нту:

– Тепе́рь я хочу́ поговори́ть
с по́варом. Это же́нщина
и́ли мужчи́на?

– Же́нщина. Светла́на Хох-
ло́ва, три́дцать шесть лет.
Я уже́ говори́л с ней, то-

кивну́ть *v*	nicken
враг *m*	Feind
позва́ть *v*	herbeirufen
ску́чный	langweilig
лу́жа *f*	Lache
по-мо́ему	meiner Mei-
nung nach

ва́рищ майо́р, – отве́тил сержа́нт. – Она́ сказа́ла, что спала́ и ничего́ не слы́шала.

– Хорошо́, тогда́ позови́ го́рничную.

Го́рничная Диа́на вхо́дит в комнату. Э́то высо́кая кра-

хрома́ть *uv*	hinken
сокращённо	abgekürzt

си́вая брюне́тка, ей два́дцать два го́да. Она́ **хрома́ет**.

– Бы́ло оди́ннадцать часо́в. Хозя́ин попроси́л стака́н горя́чего молока́. Он пьёт молоко́ ка́ждый ве́чер пе́ред сном. С пече́ньем. Све́та, наш по́вар, все пригото́вила, и я пошла́ наве́рх. Когда́ я вошла́, он что́-то писа́л на компью́тере. Я поста́вила стака́н на стол, сказа́ла: «Споко́йной но́чи!» и ушла́.

– Поня́тно. Скажи́те, почему́ вы хрома́ете?

– Упа́ла с велосипе́да.

– Ско́лько вы рабо́таете в э́том до́ме?

– Четы́ре ме́сяца.

– А вы не зна́ете, Диа́на, почему́ ви́лла называ́ется «Ро́за»?

– Э́то все зна́ют. РО–ма́н ЗА–бе́лин, **сокращённо** «Ро́За».

– Спаси́бо, Диа́на. Вы нам о́чень помогли́. До свида́ния, – сказа́л майо́р Зве́рев и встал. – За́втра у́тром, сержа́нт, я хочу́ поговори́ть с садо́вником. Споко́й-ной но́чи.

На сле́дующее у́тро майо́р Зве́рев сиди́т в своём ка-бине́те на Петро́вке, 38 ❶. Зве́рев не лю́бит **фо́рму** по-лице́йского. На нём голубы́е джи́нсы, бе́лая руба́шка и кори́чневый вельве́товый **пиджа́к**. Майо́р чита́ет

газе́ту. «Уби́т бана́но-
вый коро́ль Рома́н За-
бе́лин. Что мы зна́ем о
нём? Миллионе́р. Пять-
деся́т оди́н год. Роди́л-
ся в Москве́, зако́нчил
вое́нное учи́лище, был
офице́ром, **воева́л** в

фо́рма *f*	*hier:* Uniform
пиджа́к *m*	Jacke, Jackett
вое́нное учи́лище *n*	Militärschule
воева́ть *uv*	im Krieg kämpfen
стуча́ть *uv*	klopfen
принести́ *v*	bringen

Чечне́. Пото́м ушёл из а́рмии, был бизнесме́ном.
Снача́ла продава́л цветы́, пото́м фру́кты. После́дние
пятна́дцать лет его́ компа́ния «Ма́льчик Банана́н»
занима́ется и́мпортом бана́нов из Эквадо́ра...»
В дверь **стуча́т**. Вхо́дит сержа́нт Торопы́гин.

– Това́рищ майо́р, пришёл садо́вник.

– Отли́чно. Что мы о нём зна́ем?

– Его́ зову́т Серге́й Ма́йский. Ему́ со́рок два го́да. Ра-
бо́тает у Забе́линых три го́да.

– Хорошо́. Пусть войдёт.

В кабине́т вхо́дит высо́кий си́льный мужчи́на. Он
гро́мко говори́т:

Hier sitzt seit der Oktoberrevolution die Zentralverwal-
tung der Moskauer Polizei.

– Здра́вствуйте, това́рищ,
майо́р!

– Не кричи́те, господи́н
Ма́йский, я не глухо́й. Сади́тесь. Расскажи́те мне, что
и когда́ вы де́лали вчера́.

– Днём Маргари́та Серге́евна попроси́ла меня́
принести́ ро́зы и поста́вить их в ва́зу в гости́ной – хо-
зя́ева жда́ли госте́й. В во́семь часо́в ве́чера я, как
всегда́, зако́нчил рабо́ту и уе́хал домо́й.

– Кто́-то ви́дел, как вы уезжа́ли?

– Не зна́ю. Мо́жет быть, го́рничная? Спроси́те Диа́ну.

– Хорошо́. Скажи́те, кто мог ❶ уби́ть Забе́лина? У него́ бы́ли враги́?
Садо́вник **вздохну́л**.

– То́чно не зна́ю... Но я **кое-что́** слы́шал. Мо́жно **закури́ть**?

– Здесь не ку́рят. Расска́зывайте.

– Неде́лю наза́д я рабо́тал в саду́. **Полива́л** ро́зы. Окно́ на пе́рвом этаже́ бы́ло откры́то. Я услы́шал шум. Кто́-то гро́мко разгова́ривал. Я ти́хо подошёл к окну́ и **спря́тался** за **кусто́м**. **Хозя́ин** спо́рил с каки́м-то мужчи́ной. Я узна́л его́ го́лос – э́то был Константи́н.

– Константи́н? Кто э́то?

– Константи́н Кругло́в, друг и би́знес-партнёр хозя́ина. Они́ с жено́й Ле́ной вчера́ бы́ли в гостя́х на ви́лле «Ро́за».

– Хорошо́. **Ита́к**, вы услы́шали голоса́. Э́то бы́ли Забе́лин и Кругло́в. О чём они́ говори́ли?

– Забе́лин крича́л Констан-

вздохну́ть v	tief atmen
ко́е-что	irgendetwas
закури́ть v	sich eine Zigarette anzünden
полива́ть uv	gießen
спря́таться uv	sich verstecken
куст m	Busch
хозя́ин m	hier: Besitzer
ита́к	also

мочь gehört zu einer Gruppe Verben, die das Präteritum unregelmäßig bilden. Diese lauten im Infinitiv häufig auf –нуть, –ере́ть, –сти/зти/сть/зть und –чь aus:
мочь – мог, могли́
идти́ – шёл, шли
везти́ – вёз, везли́

тину: «Я убью́ тебя́, ты по́нял? Что ты пря́чешь в **я́-щиках**, **сво́лочь**?» А Константи́н ему́: «Ты о чём? В каки́х я́щиках?» «В я́щиках из-под бана́нов!» – крича́л хозя́ин. «Не понима́ю, о чём ты», – отвеча́л Кругло́в. «А э́то что? Что э́то, я тебя́ спра́шиваю!» «Ро́ма, я всё тебе́ объясню́» – тут Константи́н закры́л окно́, и бо́льше я ничего́ не слы́шал.

– Что же бы́ло в я́щиках? – спроси́л майо́р Зве́рев.

Ма́йский **пожа́л плеча́ми**.

я́щик *m*	Kiste
⚡ **сво́лочь** *f*	*hier:* Dreckskerl
пожа́ть *v* **плеча́ми** *f/pl*	mit den Achseln zucken
сро́чно	schleunigst
тамо́жня *f*	Zollamt

– Не зна́ю. Но хозя́ин о́чень гро́мко крича́л на Ко́стю.

– Хорошо́, Серге́й, спаси́бо за информа́цию. До свида́ния.

– До свида́ния, това́рищ майо́р.

Когда́ садо́вник ушёл, Зве́рев позвони́л Торопы́гину.

– Сержа́нт, на́до **сро́чно** съе́здить на **тамо́жню** и прове́рить я́щики компа́нии «Ма́льчик Бана́н». Константи́н Кругло́в, би́знес-партнёр Забе́лина, что́-то в них пря́чет. То́лько сде́лайте всё ти́хо, сержа́нт. Без шу́ма.

– По́нял, това́рищ майо́р. Уже́ е́ду.

Упражне́ние 2: Что ли́шнее? Welches Wort ist das „schwarze Schaf"? Unterstreichen Sie!

1. руба́шка   газе́та   джи́нсы   пиджа́к
2. офице́р   садо́вник   го́рничная   кабине́т
3. бизнесме́н   компа́ния   ва́за   и́мпорт
4. сад   шум   ро́за   куст
5. крича́ть   е́хать   говори́ть   объясня́ть

2 Та́йны Ко́сти Кругло́ва

Ко́стя Кругло́в и Маргари́та Забе́лина сидя́т в ресто-ра́не «А́нна Каре́нина» и пьют шампа́нское. Интерье́р рестора́на похо́ж на ваго́н по́езда. Ка́ждый сто́лик стои́т в **отде́льной** каби́нке – купе́. Ко́стя и Маргари́та ча́сто встреча́ются здесь. Они́ не хотя́т, что́бы их ви́дели вме́сте. Ко́стя поднима́ет бока́л.

– За тебя́, люби́мая!

– За тебя́, люби́мый! – гово-ри́т Маргари́та. Она́ смо́трит на Ко́стю. Пото́м говори́т:

та́йна *f*	Geheimnis
отде́льный	separat, einzeln
ко́тик *m*	*hier:* Katerchen
ведь	doch
проводни́к *m* **по́езда** *m*	Schaffner
заказа́ть *v*	bestellen
све́жий	frisch

– Но скажи́ мне, **ко́тик**. Скажи́ мне́, **ведь** ты его́ не...
Тут в их каби́нку вхо́дит официа́нт. На нём костю́м **проводника́ по́езда**.

– Что́-нибудь **зака́жете**? – спра́шивает официа́нт Маргари́ту и Ко́стю.

– Я бу́ду бифште́кс «Фру-Фру́»❶, – говори́т Ко́стя.

– А мне, пожа́луйста, сала́т «Ле́вин» из **све́жих** овоще́й, – говори́т Маргари́та. Когда́

Фру-Фру und **Ле́вин** sind Figuren aus Tolstois Ro-man „Anna Karenina". Der Salat ist nach dem Protago-nisten Lewin und das Steak nach Vronskijs Pferd benannt.

официа́нт ухо́дит, она́ о́чень ти́хо говори́т Ко́сте:

– Скажи́ мне, ко́тик, ты же его́ не убива́л?

– Коне́чно, нет! – отвеча́ет Ко́стя. – Про́сто **повезло́**...

– Не говори́ так!

– Прости́, э́то **шу́тка**. **Глу́пая** шу́тка. Я так давно́ хочу́ быть с тобо́й...

– И тепе́рь, наконе́ц, мы мо́жем быть вме́сте!

– Коне́чно, дорога́я, коне́чно. Про́сто на́до немно́го подожда́ть.

повезло́ *v*	etw. ist gelungen
шу́тка *f*	Scherz
глу́пый	dumm
помеша́ть *v*	aufhalten, hindern
управля́ть *uv*	*hier:* verwalten
⚡ **головна́я боль** *f*	*hier:* Problem (wörtl. Kopfschmerzen)
гла́дить *uv*	streicheln
та́ять *uv*	schmelzen
налива́ть *uv*	eingießen
селёдка *f*	Hering
незнако́мый	unbekannt

– Подожда́ть-подожда́ть... Ты всегда́ так говори́шь!

– Ждать недо́лго, люби́мая. Тепе́рь никто́ не мо́жет нам **помеша́ть**. За́втра я прие́ду на ви́ллу. Хочу́ посмотре́ть бума́ги Рома́на. Тепе́рь **управля́ть** компа́нией бу́ду я. Ты же не хо́чешь занима́ться би́знесом? Заче́м тебе́ э́та **головна́я боль**?

Ко́стя **гла́дит** её ру́ку. Он говори́т с Маргари́той, как с ребёнком. От его́ слов, от его́ го́лоса Маргари́та **та́ет**, как моро́женое. Она́ согла́сна на всё. Ко́стя опя́ть улыба́ется и поднима́ет бока́л.

Майо́р Зве́рев сиди́т в рю́мочной «Бе́дные лю́ди». Э́та рю́мочная нахо́дится в це́нтре Москвы́. Он ча́сто прихо́дит сюда́, когда́ ему́ на́до поду́мать. Ба́рмен Васи́лий, как всегда́, **налива́ет** ему́ во́дки и даёт бутерброд с **селёдкой**. Звёрева все здесь знают, и он всех знает. Но сегодня он видит **незнакомую** девушку. На ней чёрная юбка, чёрный жакет и белая блузка. Она пьёт водку с томатным соком.

Упражнёние 3: Кроссворд. Lösen Sie das Kreuzworträtsel!

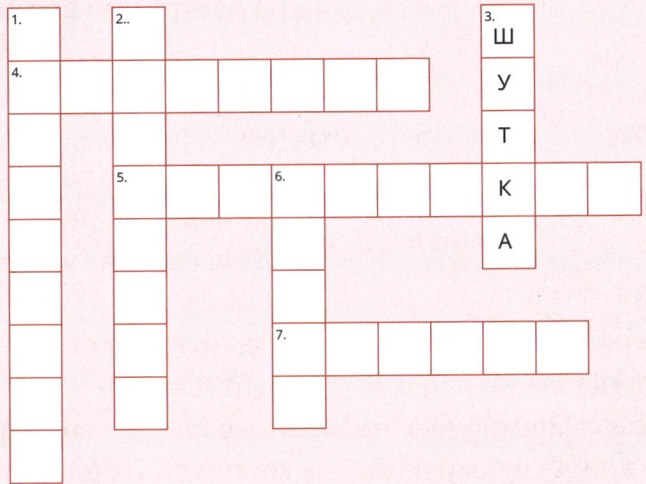

Senkrecht:
1. Холодный десёрт
2. Мясная еда
3. Это очень смешно
6. Вид транспорта

Waagerecht:
4. Он работает в ресторане
5. Костя и Маргарита пьют...
7. Сегодня – понедёльник, а ... – вторник.

– Как селёдка? Вкусная? – спрашивает Зверева девушка.

– Селёдка? Лучшая в Москве! **Нежная**, как моя мама! – отвечает майор. – Хотите попробовать? Василий, ещё один бутерброд! – кричит он бармену.

Девушка ест бутерброд.

– Люблю селёдку, – улыбается она. – Я её в детстве ела на завтрак по воскресеньям. С картошкой. Мама покупала на **рынке** очень вкусную селёдку.

нежный	zart
рынок *m*	Markt
честно	ehrlich
потерять *v*	verlieren
обычно	üblich, gewöhnlich

– У вас был тяжёлый день? – спрашивает Зверев.

– **Честно** говоря, ужасный. Я...

– Вы **потеряли** работу, понимаю. Но плакать не надо.

– Откуда вы знаете?

– Это элементарно. У вас красные глаза – значит, вы плакали. Девушки в чёрных костюмах и белых блузках **обычно** работают в офисах. А вы пьёте водку в два часа дня в четверг. Значит...

– ...Я потеряла работу.

– Да. Я же говорю, это элементарно.

– Да вы просто Шерлок Холмс!

– Это правда. Но друзья зовут меня Иван.

– А меня зовут Ира, – говорит девушка. Тут у Зверева звонит телефон. «Всегда так, – думает Зверев. – Хочешь познакомиться с девушкой, и тут звонит телефон». «Наверное, это его девушка, – думает Ира. –

Всегда́ так. Хо́чешь познако́миться с кем-то, и тут звони́т его́ де́вушка». Но э́то была́ не де́вушка. Э́то был сержа́нт Торопы́гин.

пове́рить *v*	glauben
предложе́ние *n*	Vorschlag
в э́то же вре́мя *n*	zur gleichen Zeit

– Това́рищ майо́р, мы кое-что́ нашли́ в я́щиках с бана́нами, – говори́т он. Что там бы́ло?

– Не **пове́рите**. Кокаи́н.

– Как интере́сно, – говори́т Зве́рев. – Че́рез де́сять мину́т встреча́емся у меня́ в кабине́те. Есть иде́я.

Йра смо́трит на майо́ра. Майо́р смо́трит на Йру. Они́ молча́т.

– Я до́лжен идти́, – говори́т, наконе́ц, Зве́рев. – Но у меня́ **предложе́ние**, Йра. Дава́йте встре́тимся на э́том же ме́сте **в э́то же вре́мя** в четве́рг. Что ду́маете?

– Не зна́ю… – отвеча́ет Йра.

– Я бу́ду ждать вас здесь в четве́рг, в два часа́ дня, – говори́т Зве́рев и бы́стро выхо́дит на у́лицу.

Майо́р лю́бит де́вушек. Но ещё бо́льше он лю́бит свою́ рабо́ту. А его́ рабо́та не лю́бит ждать. Поэ́тому у майо́ра нет де́вушки.

Ко́стя Кругло́в опа́здывает на ва́жную встре́чу. Хорошо́, что у него́ есть кра́сная спорти́вная маши́на. Он е́дет на ней по вече́рней Москве́ о́чень бы́стро. У него́ звони́т телефо́н. Э́то Маргари́та Забе́лина. Она́ звони́т сего́дня уже́ тре́тий раз, но Ко́стя не отвеча́ет. Он не хо́чет с ней разгова́ривать. Ко́стя **не́рвничает**. Ут́ром он получи́л смс с незнако́мого но́мера: «Я зна́ю, что ты уби́л Забе́лина. Я зна́ю, что бы́ло в я́щиках. Жду тебя́ сего́дня в 23.00 на па́ркинге на у́лице Ни́жние Поля́. Пригото́вь де́сять ты́сяч до́лларов, и́ли я пойду́ в поли́цию».

Упражне́ние 4: Глаго́лы. Ergänzen Sie den Infinitiv!

1. зна́ют   знать

2. хо́чешь

3. улыба́ется

4. люблю́

5. встре́тимся

6. ду́маете

В карма́не у Ко́сти пистоле́т. Ни́жние Поля́ – э́то в Ма́рьино, **райо́не** на **окра́ине** Москвы́. **Неспоко́йное** ме́сто. А вот и **автостоя́нка**. Из си́него фольксва́гена «по́ло» выхо́дит мужчи́на в вельве́товом пиджаке́ и джи́нсах. Он ма́шет Кругло́ву руко́й и говори́т:

– Ты опозда́л.

– **Про́бки**, – говори́т Ко́стя и то́же выхо́дит из маши́ны.

не́рвничать *uv*	nervös sein, sich aufregen
райо́н *m*	Stadtbezirk
окра́ина *f*	Randgebiet
неспоко́йный	unruhig

– Де́ньги привёз?

– Де́ньги не пробле́ма. А за что плати́ть?

– Я расскажу́ тебе́, за что плати́ть, – говори́т мужчи́на в вельве́товом пиджаке́. – Я ста́рый друг Рома́на Забе́лина, мы вме́сте воева́ли в Чечне́ ⓘ. Он расска́зывал мне всё. Я зна́ю, что ты вози́л в я́щиках для бана́нов кокаи́н, а когда́ Рома́н узна́л об э́том, ты реши́л его́ уби́ть.

– Ты, и пра́вда, мно́го зна́ешь, – говори́т Ко́стя.

Он **достаёт** из карма́на пистоле́т, и в э́тот моме́нт

автостоя́нка f	Parkplatz
про́бка f	Stau
доста́ть v	*hier:* hervorholen
бить uv	schlagen
смерть f	Tod
па́дать uv **на зе́млю** f	*hier:* zu Boden stürzen
торопи́ться uv	sich beeilen
винова́т	schuldig
грузи́ть uv	aufladen

кто́-то **бьёт** его́ сза́ди по голове́. «Кака́я глу́пая **смерть**», – ду́мает Ко́стя и **па́дает на зе́млю**.

– Ве́чно ты **торо́пишься**, Торопы́гин! – говори́т мужчи́на в вельве́товом пиджаке́.

– Так, това́рищ майо́р, он же хоте́л... Я ду́мал...

– Ду́мал он! Индю́к то́же ду́мал... ⓘ, Торопы́гин. Мы же ещё ничего́ не узна́ли!

– **Винова́т**, това́рищ майо́р.

– Ла́дно, **грузи́** его́ в маши́ну. Е́дем на Петро́вку.

Hier ist der zweite Tschetschenien-Krieg (1999-2009) gemeint, in dem die Unabhängigkeitskämpfer der Nordkaukasischen Republik **Чечня** gegen die russische Armee kämpften.

Die vollständige Redewendung lautet: "Индю́к то́же ду́мал, да в суп попа́л." Der Truthahn dachte auch und landete im Suppentopf. Man weist damit auf einen Denkfehler hin.

3 Бе́дная Му́ська

Маргари́та Забе́лина стои́т у окна́ в свое́й спа́льне на тре́тьем этаже́ ви́ллы «Ро́за» и смо́трит на дождь. О́сень в Москве́ – гру́стное вре́мя: хо́лодно, мо́кро и ве́тер. Маргари́та о́чень ждёт, что ей позвони́т Ко́стя. Но он не звони́т. Он не звони́т со вчера́шнего утра́, когда́ нота́риус зачита́л

завеща́ние Рома́на. Это был неприя́тный сюрпри́з: миллио́ны Забе́лина получи́ла не Маргари́та, а их до́чка Ка́тя. Маргари́та пла́кала, пила́ лека́рство, звони́ла Ко́сте, но он не отвеча́л.

завеща́ние *n*	Testament
лека́рство *n*	Arznei, Medizin
зага́дывать *uv*	*hier:* vermuten
прое́хать *v*	vorbeifahren
обяза́тельно	unbedingt
нарко́тики *m/pl*	Drogen

Маргари́та смо́трит на доро́гу пе́ред до́мом и зага́дывает: е́сли сейча́с прое́дет бе́лая маши́на, то Ко́стя обяза́тельно позвони́т. А вот и маши́на, но она́ си́няя. Это фольксва́ген «по́ло». Из него́ выхо́дит майо́р Зве́рев. У него́ пробле́мы: вчера́ в поли́ции Ко́стя сказа́л, что о нарко́тиках ничего́ не ⓘ зна́ет, а Забе́лина не убива́л. «Спроси́те Маргари́ту и мою́ жену́ Ле́ну, – сказа́л Ко́стя. – Мы все вме́сте у́жинали на ви́лле «Ро́за», а пото́м я и Ле́на пое́хали домо́й». По-

этому майо́р Зве́рев **от-**
пра́вил сержа́нта Торопы́-
гина домо́й к Кругло́ву, а
сам прие́хал поговори́ть
с Маргари́той.

– До́брое у́тро, Маргари́та Серге́евна, – говори́т
Зве́рев.

– Здра́вствуйте, майо́р.

– Скажи́те, пожа́луйста, в тот ве́чер, когда́ вы у́жина-
ли с Кругло́выми, Ко́стя никуда́ не выходи́л?

– По-мо́ему, нет.

– Мо́жет быть, ему́ кто́-то позвони́л? И он вы́шел из
гости́ной?

– Нет, он никуда́ не выходи́л. Я же вам расска́зывала.
Мы поу́жинали, Рома́н подня́лся в спа́льню на тре́тий
эта́ж, а пото́м Ко́стя с Ле́ной уе́хали домо́й.

– Поня́тно. Ну что ж, спаси́бо вам большо́е.

Майо́р выхо́дит из гости́ной. Он звони́т Торопы́гину.

– Ле́на, жена́ Кругло́ва, **утвержда́ет**, что Ко́стя никуда́
не уезжа́л в ночь уби́йства, – говори́т сержа́нт. – Они́
всё вре́мя бы́ли вме́сте.
Прие́хали от Забе́линых и
сра́зу легли́ спать.

– С ке́м-то ещё поговори́л?

– Да, с их шофёром. Он
привёз Кругло́вых домо́й
с ви́ллы «Ро́за» **о́коло** по-
лу́ночи и то́же пошёл
спать. Ключи́ от маши́ны

Im Russischen wird in Nega-
tivsätzen doppelt verneint.
Zum einen wird dem Frage-
pronomen «**ни**» vorangesetzt,
wodurch entweder Negativ-
pronomen (z. B. **никто́**) oder
Negativadverbien (z. B. **нигде́**)
entstehen, zum anderen wird
das verneinende Prädikat «**не**»
hinzugefügt.

бы́ли у него́. Го́рничная гово́рит **то же са́мое**: «Хозя́ева прие́хали и бо́льше никто́ никуда́ не уезжа́л».

| то же са́мое | das Gleiche |
| прислу́га *f* | Dienstbote |

– Похо́же, у Ко́сти а́либи. Ла́дно, сержа́нт, спаси́бо. Встреча́емся че́рез час у меня́ в кабине́те.

Майо́р идёт по коридо́ру пе́рвого этажа́ к вы́ходу из до́ма. Он слы́шит, как кто́-то пла́чет. Дверь в ко́мнату **прислу́ги** откры́та. Так вот кто пла́чет! Это го́рничная Диа́на.

– Диа́на, здра́вствуйте. Что случи́лось? – спра́шивает Зве́рев.

– Ааааа! Она́…она́… она́ умерла́…

– Кто у́мер??

– На́ша ко́шка Му́ська… Ааааа! Она́ вчера́ вы́пила молока́… И умерла́!

– Что она́ вы́пила?

– Молока́ из **блю́дечка**…

Упражне́ние 5: Анто́нимы. Finden Sie im Text die Worte mit gegensätzlicher Bedeutung!

1. весёлый   гру́стный

2. смея́ться   _____

3. спусти́ться   _____

4. чёрный   _____

5. отве́т   _____

– Молока́? – Майо́р подошёл к го́рничной и сел в кре́сло ря́дом с ней.

– Диа́на, – сказа́л он **ла́сково**, – я хочу́ зада́ть вам о́чень ва́жный вопро́с.

блю́дечко *n*	Untertasse
ла́сково	zärtlich
следи́ть *uv*	*hier:* verfolgen
отра́влен	vergiftet

Ива́н Зве́рев ре́дко е́здит на метро́. Но сего́дня майо́р **следи́т** за Светла́ной Хохло́вой, по́варом с ви́ллы «Ро́за». Вчера́, когда́ Диа́на рассказа́ла ему́ о ко́шке и молоке́, Зве́рев сра́зу всё по́нял. «Диа́на, – сказа́л он, – Му́ська вы́пила то са́мое молоко́, кото́рое вы принесли́ Забе́лину?» «Да, – кивну́ла Диа́на. – Хозя́ин ведь не успе́л его́ вы́пить. Я реши́ла дать его́ ко́шке, что́бы не пропа́ло...» Диа́на сно́ва запла́кала.

Ита́к, молоко́ бы́ло **отра́влено**. Забе́лин всегда́ пил тёплое молоко́ пе́ред сном, и гото́вила его́ по́вар Светла́на Хохло́ва. Поэ́тому майо́р реши́л последи́ть за ней.

Упражне́ние 6: Предло́ги. Lesen Sie weiter und setzen die richtigen Präpositionen ein!

о́коло в до в на

Сего́дня среда́, и у Светла́ны выходно́й. У́тром она́ сходи́ла **1.** в магази́н, что́бы купи́ть еды́. Пото́м сходи́ла **2.** парикма́херскую недалеко́ от до́ма. А по́сле обе́да се́ла **3.** _____ **трамва́й** и доє́хала **4.** _____ метро́. Сейча́с Светла́на и Зверев е́дут в одно́м ваго́не, но Зве́рев закрыва́ет лицо́ газе́той, кото́рую он купи́л **5.** _____ метро́.

Э́то газе́та «Коммерса́нтъ». В ней уже́ ничего́ не пи́шут о Рома́не Забе́лине. «В сле́дующий раз, – ду́мает майо́р, – о нём напи́шут, когда́ мы найдём уби́йцу». Светла́на выхо́дит на ста́нции «Дина́мо»🛈. Майо́р идёт за ней: снача́ла по Ленингра́дскому проспе́кту, пото́м по Беговой у́лице. Че́рез два́дцать мину́т Светла́на захо́дит в зда́ние с больши́ми бе́лыми коло́ннами – э́то Моско́вский ипподро́м. «Интере́сное хо́бби у де́вушки», – ду́мает майо́р.

трамва́й _m_	Straßenbahn
плащ _m_	Regenmantel
подхо́дить _uv_	auf jmd./etw. zugehen

Einer der ältesten U-Bahnhöfe in Moskau, der 1938 eröffnet wurde. Er ist nach dem gleichnamigen Fußballstadion benannt.

На трибу́не ипподро́ма Зве́рев смо́трит на Светла́ну. Ры́жие во́лосы, зелёный **плащ**, зелёный бере́т – она́ уже́ не молода́, но ещё краси́ва. Майо́р ду́мает, что она́ с кем-то встреча́ется здесь, но Светла́на сиди́т одна́. Че́рез полчаса́ Зве́рев **подхо́дит** к ней и сади́тся ря́дом.

– Здра́вствуйте, Светла́на. Я – майо́р...

– Да, я зна́ю. Зве́рев. Я ви́дела вас на ви́лле.

– Светла́на, вчера́ Диа́на рассказа́ла мне про Му́ську...

– Да-да́, бе́дная на́ша ко́шечка. Никогда́ себе́ не прощу́.

– Так э́то вы...

– **Бро́сьте**, майо́р! Вы прекра́сно зна́ете, что молоко́ отрави́ла я. И отрави́ть я хоте́ла Рома́на. Но ему́ повезло́, а вот Му́ське – нет.

– И заче́м же вы э́то сде́лали?

Светла́на Хохло́ва молчи́т и смо́трит на **лоша-де́й**, кото́рые бегу́т по кру́гу.

– Я люби́ла его́, – говори́т

Бро́сьте!	*hier:* Lassen Sie es gut sein!
ло́шадь *f*	Pferd
появи́ться *v*	erscheinen
ночева́ть *uv*	übernachten
переду́мать *v*	es sich anders überlegen
вы́прыгнуть *v*	herausspringen

она́ ти́хо. – Мы встреча́лись здесь, на ипподро́ме. Ро́ма люби́л лошаде́й. Да́же купи́л одну́, назва́л Ро́зой. Она́ сего́дня то́же бежи́т. Люби́л ли он меня́? Ка́жется, да. Но пото́м **появи́лась** э́та го́рничная, молода́я краса́вица Диа́на, – и Ро́ма меня́ бро́сил. Вы ви́дели, что она́ хрома́ет?

– Да. Она́ сказа́ла, что упа́ла с велосипе́да.

– Ха! С велосипе́да! Она была́ с Ро́мой в спа́льне на тре́тьем этаже́, и тут верну́лась домо́й хозя́йка. Маргари́та Серге́евна должна́ была́ **ночева́ть** у подру́ги, но **переду́мала**. Так что Диа́на **вы́прыгнула** из окна́, а пото́м сказа́ла, что упа́ла с велосипе́да. Но она́ хорошая де́вочка, до́брая. Про́сто ей два́дцать два, а мне три́дцать шесть. Вы понима́ете меня́?

одино́к	alleinstehend
арестова́ть v	jmd. verhaften

Зве́рев кива́ет. Ему́ три́дцать во́семь, и он **одино́к**.

– В о́бщем, я реши́ла отрави́ть не её, а Рома́на. Ох, вы то́лько посмотри́те!

– Что случи́лось?

– Ло́шадь Ро́за! Всё вре́мя шла пе́рвой, а на фи́ниш пришла́ второ́й.

– Вы не зна́ете, кто уби́л Рома́на? – спра́шивает майо́р.

– Не зна́ю, – отвеча́ет Светла́на. – Вы меня́ **аресту́ете**? Майо́р встаёт и идёт к вы́ходу с ипподро́ма.

Упражне́ние 7: Местоиме́ния. Ersetzen Sie das unterstrichene Wort durch das passende Pronomen!

его́   их   неё   его́

1. Майо́р пока́ не нашёл <u>уби́йцу</u>.

   Майо́р пока́ не нашёл его́.

2. Рома́н Забе́лин люби́л <u>лошаде́й</u>.

   _____.

3. На трибу́не ипподро́ма Зве́рев смо́трит на <u>Светла́ну</u>.

   _____.

4. Светла́на ви́дела <u>майо́ра</u> на ви́лле.

   _____.

4 Вынул ножик из кармана

Иван Зверев сидит в рюмочной «Бедные люди». Он пьёт кофе и ждёт Иру. У него плохое **настроение**: за десять дней после смерти Романа Забелина он не нашёл убийцу. Костя Круглов арестован за **контрабанду** наркотиков, но

настроение *n*	Stimmung, Laune
контрабанда *f*	Schmuggel
улика *f*	Indiz

Забелина он не убивал – у него алиби. Светлана Хохлова отравила молоко, но Забелин его не выпил. «Кто же убийца? – думает Зверев. – Жена? Дочь? Садовник? Горничная? Мы не знаем. Что у нас есть? Какие **улики**? У нас есть охотничий нож и пуговица». В рюмочную входит Ира.

– Эй, девушка! – кричит ей бармен Василий. Дверь закрывайте, пожалуйста! Не май месяц!❶

Der Ausdruck **«не май месяц»** wird verwendet, um auszudrücken, dass es kalt ist. Man sagt immer Mai, vermutlich weil es der erste richtig warme Monat ist. Bsp.: **«Закрой окно, не май месяц!»**

Ира закрывает дверь, подходит к Звереву и садится за столик.

– Привет, Шерлок!

– «Не май месяц, не май месяц...» – тихо говорит Зверев. – Вышел месяц из тумана, вынул ножик из кармана...

– Ива́н, что с ва́ми? – **испу́ганно** спра́шивает Йра.

– Май – э́то же ме́сяц, зна́чит, он говори́л о Ма́йском!!

– Кто говори́л?

– Рома́н Забе́лин! Ой, прости́те, Йра! Э́то рабо́та. Э́то не интере́сно. Но вы так мне помогли́!

– А у меня́ то́же хоро́шие но́вости. Я рабо́ту нашла́. **Продавцо́м** в зоомагази́не.

испу́ганно	erschrocken
продаве́ц/ продавщи́ца	Verkäufer/ Verkäuferin
смешно́	lustig
кача́ть *uv* **голово́й** *f*	den Kopf schütteln
сы́рник *m*	Quarkpfann-kuchen
удово́льствие *n*	Vergnügen
хотя́	obwohl
ра́нен	verletzt

– За э́то на́до вы́пить! Васи́лий, шампа́нского! Ба́рмен Васи́лий налива́ет им шампа́нского.

– За вас! – говори́т Зве́рев.

– За нас! – улыба́ется Йра.

У майо́ра звони́т телефо́н.

– Э́то уже́ не **смешно́**, – **кача́ет голово́й** Йра.

– Да, Торопы́гин, – говори́т майо́р в телефо́н, – слу́шаю. Нет, не на́до. Мне сро́чно нужна́ вся информа́ция о Серге́е Ма́йском. Вся его́ биогра́фия. Да. Жду.
Йра молчи́т. Она́ бо́льше не смо́трит на Зве́рева.

– Прости́те, Йра, я до́лжен бежа́ть. Рабо́та, – говори́т майо́р.

Йра кива́ет.

– Но я позвоню́. За́втра. Мо́жно?

Йра опя́ть кива́ет. Когда́ Зве́рев ухо́дит, она́ зака́зывает сто грамм во́дки и бутербро́д с селёдкой.

Упражне́ние 8: Оши́бки. Finden Sie die fünf Fehler im Text und korrigieren Sie sie!

Майо́р Зве́рев <u>седи́т</u> на ку́хне в кварти́ри Серге́я Ма́йского и ест **сы́рники** со смета́ной. Серге́я нет до́ма, но его́ ма́ма Ни́на Васи́льевна говори́т, что он ско́ро предёт.
– Ещё ча́ю? – улыба́ется Ни́на Васи́льевна.
– Ах, да, спосы́бо, с **удово́льствием**, – кива́ет майо́р. – А каки́е сы́рники! Никагда́ таки́х не ел.
Ни́на Васи́льевна сно́ва улыба́ется и налива́ет майо́ру ча́ю.

1. сиди́т _____   2. _____

3. _____   4. _____

5. _____

– Е́шьте на здоро́вье!ⓘ Серёжа то́же о́чень сы́рники лю́бит.
– А что он ещё лю́бит, Ни́на Васи́льевна? Цветы́?
– Цветы́, да. **Хотя́** бо́льше, наве́рное, спорт. Мно́го бе́гает, занима́ется бо́ксом. Он да́же тре́нером рабо́тал по́сле а́рмии.
– А в а́рмии он где был?
– Как где? Он в Чечне́ воева́л. Был **ра́нен**. У него́ да́же меда́ль есть. Пойдёмте в гости́ную, я вам покажу́.

> ⓘ Entgegen des weitverbreiteten Irrglaubens, gebraucht man den Ausdruck «**на здоро́вье!**» (Greift zu!) nicht beim Vodkatrinken, sondern als Aufforderung zum Essen. Zum Trinken animiert man mit «**Ва́ше здоро́вье!**» (Auf Eure Gesundheit!).

Зверев садится на диван, Нина Васильевна показывает ему **медаль «За отвагу»** и даёт фотоальбом.

медаль *f* **«За отвагу»**	Tapferkeits- medaille
пришить *v*	festnähen
позывной *m*	Rufname beim Militär
сварить *v*	kochen

– Вы посмотрите фотографии, пока Серёжу ждёте, а мне надо ему <mark>пуговицу</mark> **пришить**.

Она открывает шкаф и достаёт голубую джинсовую рубашку.

– А какую пуговицу, Нина Васильевна? Вот такую? – майор достаёт из кармана серую пуговицу.

– Да, – кивает Нина Васильевна. – А откуда она у вас?

В дверь звонят. Нина Васильевна идёт открывать. Это Майский.

– Серёжа, тебя тут товарищ майор ждёт, – говорит она сыну.

– Месяц, Месяц, я Роза! – говорит Зверев Майскому.

– У вас же такой **позывной** был в Чечне, «Месяц»? А ещё, Сергей, я нашёл вашу пуговицу. Знаете, где?

– Знаю, – отвечает Майский. Он садится на стул и молчит. Потом говорит Нине Васильевне: «Мама, **свари** мне, пожалуйста, кофе. Нам с товарищем майором надо поговорить».

– Похоже, вам уже всё известно, майор, – говорит садовник, когда его мама уходит на кухню.

– Не всё. Я слушаю вас, Майский.

– В тот вечер я действительно уехал в восемь часов вечера, но недалеко. Я оставил машину на стоянке рядом с **торговым центром**, вернулся на виллу и **спрятался** в гараже. Когда я увидел свет в комнате у Забелина, я подождал ещё полчаса, потом зашёл в дом через чёрный ход (у меня есть свой ключ) и тихо поднялся на третий этаж. **Остальное** вы знаете.

– Кроме одного. Зачем вы это сделали?

Майский достаёт сигареты и закуривает.

– В Чечне у меня был друг Колька. Вместе воевали в **разведке**. Летом 2000 года я был ранен и лежал в госпитале. А Колька и ещё пятнадцать человек **попали в засаду** в лесу. Их можно было **спасти**. Но Забелин бросил их и **приказал отступать**. Всех ребят убили – и Кольку тоже.

торговый центр *m*	Einkaufszentrum
спрятаться *v*	sich verstecken
остальное	das Übrige
разведка *f*	Spähtrupp
попасть *v* **в засаду** *f*	in einen Hinterhalt geraten
спасти *v*	retten
приказать *v*	befehlen
отступать *uv*	sich zurückziehen
рекомендация *f*	Empfehlung
контузить *uv*	(sich) verletzen

– Только один вопрос, Сергей. После всего этого, как же он взял вас к себе садовником?

– Я долго готовился. Пришёл к нему по **рекомендации**. А когда он спросил про Чечню, я сказал, что меня **контузило**, и я ничего не помню. Но я всё помню. Слишком хорошо помню.

Майский молчит, курит и смотрит в окно.

– Пора ехать, – говорит Зверев.

– Товарищ майор, пожалуйста, дайте мне выпить

ко́фе и **попроща́ться** с ма́мой. Подожди́те меня́ на
у́лице в маши́не. Я никуда́ не убегу́.
– Пятна́дцать мину́т, – говори́т Зве́рев и ухо́дит.

В зоомагази́н на Ле́нинском проспе́кте захо́дит муж-
чи́на в джи́нсах и вельве́товом пиджаке́. В рука́х у
него́ буке́т роз.
– Де́вушка, – говори́т он продавщи́це, – мне нужна́
кле́тка. Для попуга́я.
– А попуга́й у вас **гово-**
ря́щий? – спра́шивает
продавщи́ца.
Мужчи́на кива́ет.
– И что же он говори́т?
– «И́рра, пойдём в кино́!

попроща́ться	sich verabschieden
кле́тка *f*	Käfig
говоря́щий	sprechend
детекти́в *m*	Krimi
⚡ **Класс!**	Klasse!

И́рра, пойдём в кино́»! И́ра улыба́ется и смо́трит на
Зве́рева.
– На **детекти́в**?
– О нет! То́лько не детекти́в! Э́то ужа́сно ску́чно. На
но́вую коме́дию с Са́ндрой Бу́ллок!
– **Класс**! Обожа́ю её, – говори́т И́ра. – А ко́фе успе́ем
вы́пить?
– Коне́чно, – кива́ет Зве́рев. – Ещё и моро́женое
успе́ем съесть.
И тут у него́ сно́ва звони́т телефо́н.

Упражне́ние 9: Па́ры. Ordnen Sie den Verben die passenden Substantive zu!

1. [d] пить
2. [ ] есть
3. [ ] спря́таться
4. [ ] занима́ться
5. [ ] пойти́

a) моро́женое
b) в кино́
c) бо́ксом
d) ко́фе
e) в гараже́

Заключи́тельные упражне́ния

Отве́ты

Слова́рь

Спи́сок упражне́ний

Заключи́тельные упражне́ния

Петербу́ргский детекти́в

Упражне́ние 1: Кто есть кто? Auf wen treffen die folgenden Beschreibungen zu? Ordnen Sie die Personennamen zu!

На́стя   Пе́тя   Шанха́йский   Жа́нна   Жан   Серде́чкин

1. _____   храни́тель
2. _____   сотру́дник Кунстка́меры
3. _____   учи́тель
4. _____   полице́йский
5. _____   вахтёрша
6. _____   друг Жа́нны

Упражне́ние 2: Поря́док слов. Bringen Sie die Wörter in die richtige Reihenfolge!

1. Пётр   коне́   Пе́рвый   сиди́т   на

_____ .

2. Кунстка́меры   Кто   ту́фельку   из   укра́л?

_____ ?

3. больни́це   Храни́тель   в   лежи́т   Серде́чкин

_____ .

4. зага́дки   ре́бусы   На́стя   и   люби́т

_____ .

5. У   Ко́сти   бизнесме́на   есть   магази́н   о́буви

_____ .

Упражне́ние 3: Поря́док букв. Welche Wörter verbergen sich hinter den Buchstaben?

1. вьоуб   _____

2. сгопаи   _____

3. шмабка   _____

4. инкобти   _____

5. тэкснаоп   _____

Миллионе́р в подва́ле

Упражне́ние 4: Кто есть кто? Auf wen treffen die folgenden Beschreibungen zu? Ordnen Sie die Personennamen zu!

Мари́на   Ва́ся   А́ня   Рубцо́в   Се́ня

1. _____ тракори́ст

2. _____ продаве́ц

3. _____ бизнесме́н

4. _____ ба́бушка

5. _____ участко́вый

Упражне́ние 5: Опиши́те геро́ев! Welches der folgenden Adjektive passt zu welchen Charakteren?

| си́льная | стра́шный | пья́ный | ма́ленький | ста́рая |

1. Ба́ба А́ня _____

2. Мари́на _____

3. Бонапа́рт _____

4. медве́дь _____

5. Се́ня _____

Упражне́ние 6: Оши́бки. Korrigieren Sie in jedem folgenden Satz jeweils einen Inhaltsfehler!

1. Ни́на занима́ется спо́ртом по вто́рникам. _____

2. Ба́бушку Ва́си зову́т Мари́на. _____

3. Ни́на лю́бит бе́гать по утра́м. _____

4. Во́ва и Се́ня уби́ли медве́дя. _____

5. У Ви́ты есть кварти́ра в лесу́. _____

6. Макси́м – э́то брат Рубцо́ва. _____

Уби́йство на ви́лле «Ро́за»

Упражне́ние 7: Пра́вильно и́ли непра́вильно?
Welche Aussagen sind korrekt? Kreuzen Sie an!

1. Маргари́та Забе́лина люби́ла Ко́стю Кругло́ва. ☐

2. И́ра рабо́тает го́рничной. ☐

3. Ка́тя Забе́лина о́чень бога́та. ☐

4. У Ко́сти Кругло́ва была́ си́няя маши́на. ☐

5. Серге́й Ма́йский воева́л в Чечне́. ☐

6. Майо́р Зве́рев не лю́бит детекти́вы. ☐

Упражне́ние 8: Словосочета́ния. Bilden Sie sinnvolle Wortgruppen!

1. ☐ прочита́ть	a) в ко́мнату
2. ☐ дари́ть	b) гороско́п
3. ☐ говори́ть	c) продавцо́м.
4. ☐ пить	d) ро́зы
5. ☐ рабо́тать	e) молоко́
6. ☐ входи́ть	f) с садо́вником

Упражне́ние 9: Что ли́шнее? Welches Wort ist das „Schwarze Schaf"?

1. пу́говица   ло́шадь   ипподро́м   фи́ниш

2. метро́   кабине́т   тролле́йбус   по́езд

3. уби́йца   пистоле́т   ба́рмен   нож

4. по́вар   велосипе́д   официа́нт   рестора́н

5. гара́ж   телефо́н   звоно́к   смс

6. бежа́ть   смотре́ть   е́хать   идти́

Ответы

Петербу́ргский детекти́в

Упражне́ние 1:	**1.** f **2.** c **3.** e **4.** a **5.** d **6.** b
Упражне́ние 2:	**1.** a **2.** b **3.** b **4.** a **5.** b **6.** b
Упражне́ние 3:	**1.** укра́сть **2.** ту́фелька **3.** собира́ть **4.** река́ **5.** пла́кать
Упражне́ние 4:	**1.** укра́л **2.** спусти́лись **3.** чита́ла **4.** наде́ть **5.** снять
Упражне́ние 5:	**1.** молча́ть **2.** ужа́сный **3.** смея́ться **4.** бе́дный **5.** снять **6.** подня́ться
Упражне́ние 6:	**1.** в **2.** на **3.** в **4.** из **5.** с **6.** с
Упражне́ние 7:	**1.** их **2.** ней **3.** ему́ **4.** его́ **5.** нём **6.** неё
Упражне́ние 8:	**1.** e **2.** a **3.** b **4.** c **5.** d
Упражне́ние 9:	**1.** в больни́це **2.** Серде́чкина **3.** о кита́йсте Башмако́ве **4.** случи́лась **5.** люби́мая **6.** ему́
Упражне́ние 10:	**1.** Петербу́рг **2.** прови́нции **3.** университе́те **4.** ску́чная **5.** вхо́да
Упражне́ние 11:	**Waagerecht:** экспона́т, идеа́л, фаса́д, тури́ст, фо́рма

Senkrecht:
фо́то, кли́мат, апте́ка, зал, кабине́т, инфа́ркт
Lösung: криминали́стика

Миллионе́р в подва́ле

Упражне́ние 1: **1.** c **2.** d **3.** b **4.** f **5.** a **6.** e

Упражне́ние 2: **1.** труп **2.** проду́кты **3.** но́ги **4.** забо́р **5.** ка́мни

Упражне́ние 3: **1.** Магази́н приезжа́ет по сре́дам. **2.** Поли́ция прие́дет в пя́тницу. **3.** пра́вильно **4.** пра́вильно **5.** Ба́ба А́ня – ба́бушка участко́вого. **6.** Ни́на лю́бит ходи́ть по́ лесу́.

Упражне́ние 4: **1.** Бонапа́рт – это́ соба́ка. **2.** Вчера́ Се́ня пил. **3.** Медве́дь. **4.** Был дождь. **5.** Лю́да.

Упражне́ние 5 : **1.** йо́гой **2.** ли́тра **3.** кино́а **4.** сму́зи **5.** се́лфи

Упражне́ние 6: **1.** e **2.** c **3.** b **4.** a **5.** d

Упражне́ние 7: **1.** Ви́та бро́сила ма́ленькой соба́ке мяч. **2.** Ви́та дала́ мне ке́пку Макси́ма. **3.** По́сле рабо́ты Мари́на спала́ до́ма. **4.** Ва́се на́до найти́ охра́нника Макси́ма. **5.** В э́ту сре́ду автола́вка не уе́хала. **6.** Соба́ка зна́ет, что на́до де́лать.

Упражне́ние 8: всегда́, всё вре́мя , сейча́с, тепе́рь, ра́но у́тром, но́чью

Упражне́ние 9: **1.** d **2.** f **3.** a **4.** c **5.** e **6.** b

Упражне́ние 10: **1.** b **2.** d **3.** e **4.** c **5.** f **6.** a

Упражне́ние 11: **1.** Что пригото́вила ба́ба А́ня? **2.** Кого́ нашёл Бонапа́рт? **3.** Куда́ пошла́ Мари́на? **4.** Кто мог уби́ть Рубцо́ва? **5.** Где гуля́ли Се́ня и Во́ва? **6.** Кому́ угрожа́л Рубцо́в?

Упражне́ние 12:

Ь	О	Л	С	Б	П	Р	О	Л	Т	Н	Ж
Л	З	У	Ч	А	С	Т	К	О	В	Ы	Й
О	В	Б	Ш	Б	О	Н	А	П	А	Р	Т
А	О	И	Ж	А	Ц	З	Р	В	Ъ	Х	Э
С	Ц	Й	Ф	А	И	Я	О	Р	Л	Д	Ч
Й	Б	Ц	Э	Н	Б	Ь	Ё	Ъ	Ш	Щ	З
У	У	А	Р	Я	В	Ф	П	О	Л	Д	Ж
Т	Р	А	К	Т	О	Р	И	С	Т	Ы	Э
Ф	К	Е	Н	Ш	М	Е	Д	В	Е	Д	Ь

Упражне́ние 13: **1.** пить **2.** по́мнить **3.** идти́ **4.** сказа́ть **5.** спроси́ть **6.** посмотре́ть

Упражне́ние 14: **1.** труп **2.** ба́ба **3.** фона́рик **4.** полице́йский **5.** след **6.** компрома́т **7.** медве́дь **8.** алкого́ль
Lösung: убийство

Упражнéние 15: 1. Ни́на хоо́ди́т по́ лесу́ 2. пра́вильно 3. пра́вильно 4. Мари́на откры́ла магази́н на ви́лле. 5. Ле́том о́чень тепло́. 6.пра́вильно

Уби́йство на ви́лле «Ро́за»

Упражнéние 1: 1. блонди́нка 2. восемна́дцать 3. слу́шала 4. на полу́ 5. ба́бушку

Упражнéние 2: 1. газе́та 2. кабине́т 3. ва́за 4. шум 5. е́хать

Упражнéние 3: **Senkrecht:**
1. моро́женое 2. бифште́кс 3. шу́тка 6. по́езд
Waagerecht:
4. официа́нт 5. шампа́нское 7. за́втра

Упражнéние 4 : 1. знать 2. хоте́ть 3. улыба́ться, 4. люби́ть 5. встре́титься 6. ду́мать

Упражнéние 5: 1. гру́стный 2. пла́кать 3. подня́ться 4. бе́лый 5. вопро́с

Упражнéние 6: 1. в 2. в 3. на 4. до 5. о́коло

Упражнéние 7: 1. его́ 2. их 3. неё 4. его́

Упражнéние 8: 1. сиди́т 2. в кварти́ре 3. придёт 4. спаси́бо 5. никогда́

Упражнéние 9: 1. d 2. a 3. e 4. c 5. b

Заключи́тельные упражне́ния

Упражне́ние 1: **1.** Серде́чкин **2.** Шанха́йский **3.** На́стя **4.** Пе́тя **5.** Жа́нна **6.** Жан

Упражне́ние 2: **1.** Пётр Пе́рвый сиди́т на коне́. **2.** Кто укра́л ту́фельку из Кунстка́меры? **3.** Храни́тель Серде́чкин лежи́т в больни́це. **4.** На́стя лю́бит зага́дки и ре́бусы. **5.** У бизнесме́на Ко́сти есть магази́н о́буви.

Упражне́ние 3: **1.** о́бувь **2.** сапоги́ **3.** башма́к **4.** боти́нки **5.** экспона́т

Упражне́ние 4: **1.** Се́ня **2.** Мари́на **3.** Рубцо́в **4.** А́ня **5.** Ва́ся

Упражне́ние 5: **1.** ста́рая **2.** си́льная **3.** ма́ленький **4.** стра́шный **5.** пья́ный

Упражне́ние 6: **1.** по утра́м **2.** ходи́ть **3.** Рубцо́ва **4.** в Москве́ **5.** охра́нник

Упражне́ние 7: **1.** пра́вильно **2.** Она́ рабо́тает продавцо́м. **3.** пра́вильно **4.** У него́ была́ кра́сная маши́на. **5.** пра́вильно **6.** пра́вильно

Упражне́ние 8: **1.** b **2.** d **3.** f **4.** e **5.** c **6.** a

Упражне́ние 9: **1.** пу́говица **2.** кабине́т **3.** ба́рмен **4.** велосипе́д **5.** гара́ж **6.** смотре́ть

Слова́рь

автола́вка *f*	mobiler Supermarkt
автостоя́нка *f*	Parkplatz
адвока́т *m*	Anwalt
анфила́да *f*	Enfilade, Zimmerflucht
арестова́ть *v*	jmd. verhaften
аресто́вывать *uv*	jdn. verhaften
ба́бушкины ска́зки *f/pl*	Ammenmärchen
ба́нка *f*	Konserve
башма́к *m*	grober Schuh
бе́дный	arm
бейсбо́льная ке́пка *f*	Baseballkappe
бинтова́ть *uv*	verbinden
бить *uv*	schlagen

блéдный	blass
блестéть *uv*	glänzen
блю́дечко *n*	Untertasse
⚡ **Бóже!**	Oh Gott!
болéть *uv*	schmerzen
болóто *n*	Sumpf
болтáть *uv*	plaudern, sich unterhalten
борóдка *f*	Bärtchen
боти́нки *pl*	Schnürschuhe
боя́ться *uv*	(sich) fürchten
брóсить *v*	werfen
Брóсьте!	*hier:* Lassen Sie es gut sein!
бы́вшая *f*	Exfrau, Exfreundin
в твою́ пóльзу *f*	zu deinen Gunsten
в э́то же врéмя *n*	zur gleichen Zeit
вáрварство *n*	Barbarei
вахтёрша *f*	Pförtnerin
вдовá *f*	Witwe
вдоль	entlang
ведь	doch
вентиля́ция *f*	Lüftung
вéрить *uv*	glauben
вздохну́ть *v*	tief atmen
винова́т	schuldig
влюблённый	verliebt
воевáть *uv*	im Krieg kämpfen
воéнное учи́лище *n*	Militärschule
возненави́деть *v*	verabscheuen, hassen
вóзраст *m*	Alter
войнá *f*	Krieg

воровáть *uv*	stehlen
ворóта *pl*	Tor
враг *m*	Feind
вслух	laut, vernehmbar
вспóмнить *v*	sich erinnern
выбегáть *uv*	*hier:* hinausrennen
вы́брать *v*	aussuchen
вы́ложить *v*	*hier:* posten
вы́прыгнуть *v*	herausspringen
глáдить *uv*	streicheln
глу́пый	dumm
говоря́щий	sprechend
⚡ **головнáя боль** *f*	*hier:* Problem (wörtl. Kopfschmerzen)
гóлод *m*	Hunger
гóрничная *f*	Zimmermädchen
грузи́ть *uv*	aufladen
дворéц *m*	Schloss, Palast
детекти́в *m*	Krimi
дéтская считáлочка *f*	Kinderreim
дневни́к *m*	Tagebuch
достáть *v*	*hier:* hervorholen
дым *m*	Rauch
ды́рка *f*	Loch
жáлко	schade
желéзный	eisern, metallen
жени́х *m*	Bräutigam
живóй	lebendig
живóт *m*	Magen, Bauch
заболéть *v*	erkranken

забо́р *m*	Zaun
завеща́ние *n*	Testament
зага́дка *f*	Rätsel
зага́дывать *uv*	*hier:* vermuten
загоре́ться *v*	auflodern
загримирова́ться *v*	sein Äußeres verändern
заду́мываться *uv*	nachdenken
зае́хать *v*	vorbeifahren
заказа́ть *v*	bestellen
зака́зывать *uv*	bestellen
закури́ть *v*	sich eine Zigarette anzünden
замеча́ть *uv*	bemerken
за́пах *m*	Geruch
запе́ть *v*	anstimmen
засмея́ться *v*	in Lachen ausbrechen
⚡ Здо́рово!	Klasse!
Зо́лушка	Aschenputtel
измени́ть *v*	verändern
име́ть *uv*	haben, besitzen
иногда́	manchmal
иностра́нец *m*	Ausländer
испу́ганно	erschrocken
испуга́ть *v*	erschrecken
ита́к	also
ка́жется	wie es scheint
каза́лось, что	es scheint, dass
ка́мень *m*	Stein
кача́ть *uv* голово́й *f*	den Kopf schütteln
ке́пка *f*	Schirmmütze
кивну́ть *v*	nicken

⚡ **Класс!**	Klasse!
класть *uv*	*hier:* hinlegen
клéтка *f*	Käfig
кóе-что	irgendetwas
компромáт *m*	belastendes Material
контрабáнда *f*	Schmuggel
контýзить *uv*	(sich) verletzen
конфисковáть *uv*	beschlagnahmen
корóбка *f*	Kiste
кóтик *m*	*hier:* Katerchen
кошмáрный	alptraumhaft, schrecklich
краснéть *uv*	erröten
кричáть *uv*	schreien
кровь *f*	Blut
крóме тогó	außerdem
куст *m*	Busch
лáвочка *f*	Sitzbank
лáсково	zärtlich, freundlich
лекáрство *n*	Arznei, Medizin
летéть *uv*	fliegen; sausen
лóшадь *f*	Pferd
лýжа *f*	Lache
магúческий	magisch
махáть *uv*	winken
медáль *f* «За отвáгу»	Tapferkeitsmedaille
мечтáть *uv*	träumen, wünschen
мúленький	*hier:* niedlich
молчáть *uv*	schweigen
надéть *v*	anziehen
найтú *v*	finden

накра́сить *v* **но́гти** *m/pl*	Nägel lackieren
налива́ть *uv*	eingießen
напуга́ть *v*	erschrecken
нарко́тики *m/pl*	Drogen
на́сморк *m*	Schnupfen
настоя́щий	echt
настрое́ние *n*	Stimmung, Laune
находи́ть *uv*	finden
не то	*hier:* nicht richtig
не́жный	zart, empfindlich
незнако́мый	unbekannt
неизве́стно	unbekannt
не́рвничать *uv*	nervös sein, sich aufregen
неспоко́йный	unruhig
несча́стный слу́чай *m*	Unfall
не́ту	*hier:* es fehlt
нефтя́ник *m*	*hier:* Erdölmagnat
носи́ть *uv*	tragen
ночева́ть *uv*	übernachten
⚡ Ну и что!	Pah!
нырну́ть *v*	(ein) tauchen
обменя́ть *v*	tauschen
о́бщий	gemeinsam
объясни́ть *v*	erklären
обы́чно	üblich, gewöhnlich
обяза́тельно	unbedingt
ого́нь *m*	Feuer
одино́к	alleinstehend
одино́кий	einsam
о́зеро *n*	See

около	*hier:* gegen
окра́ина *f*	Randgebiet
ООО	GmbH
опа́сно	gefährlich
осо́бенный	besonderer
оста́вить *uv*	*hier:* verlassen
остально́е	das Übrige
оста́ться *v*	bleiben
осторо́жно	vorsichtig
отвози́ть *uv*	hinbringen
отде́л *m*	Abteilung
отде́льный	separat, einzeln
отомсти́ть *v*	sich rächen
отпра́вить *v*	hinschicken
отра́влен	vergiftet
отступа́ть *uv*	sich zurückziehen
охо́тничий нож *m*	Jagdmesser
охра́нник *m*	Leibwächter
охраня́ть *uv*	bewachen
очко́ *n*	*hier:* Punkt
па́дать *uv* **на зе́млю** *f*	*hier:* zu Boden stürzen
пазл *m*	Puzzle
пара́дный	festlich
парикма́херская *f*	Friseursalon
перевести́ *v*	*hier:* versetzen
переду́мать *v*	es sich anders überlegen
перча́тка *f*	Handschuh
пиджа́к *m*	Jacke, Jackett
пла́кать *uv*	weinen
плати́ть *uv*	zahlen

плащ *m*	Regenmantel
племя́нница *f*	Nichte
по́вар *m*	Koch
повезло́ *v*	Glück gehabt
пове́рить *v*	glauben
пода́ть *v irr*	*hier:* eingeben
подде́лка *f*	Fälschung
подро́сток *m*	Jugendlicher
подхо́дить *uv*	auf jmd./etw. zugehen
пожа́ть *v* **плеча́ми** *f/pl*	mit den Achseln zucken
позва́ть *v*	herbeirufen
позывно́й *m*	Rufname beim Militär
по́лдень *m*	Mittag
полива́ть *uv*	gießen
полице́йский уча́сток *m*	Polizeirevier
по́лный	füllig
помеша́ть *v*	aufhalten, hindern
по́мнить *v*	sich erinnern
по-мо́ему	meiner Meinung nach
попада́ть *uv*	geraten
попа́сть *v* **в заса́ду** *f*	in einen Hinterhalt geraten
попроща́ться *v*	sich verabschieden
порекомендова́ть *v*	empfehlen
посади́ть *v* **в тюрьму́** *f*	ins Gefängnis stecken
посте́ль *f*	Bett
постуча́ть *v*	anklopfen
потеря́ть *v*	verlieren
потеря́ться *v*	verloren gehen
похо́ж на…	… ähnlich sein
похо́же	es scheint, anscheinend

похо́жий	ähnlich
появи́ться *v*	erscheinen
по́яс *m*	Gürtel
прапра́внук *m*	Ururenkel
прапра́дед *m*	Ururgroßvater
предложе́ние *n*	Vorschlag
предме́т *m*	*hier:* Fachgebiet
преле́стный	anmutig
приглаша́ть *uv*	einladen
приказа́ть *v*	befehlen
принести́ *v*	bringen
прислу́га *f*	Dienstbote
прихо́жая *f*	Flur
приши́ть *v*	festnähen
про́бка *f*	Stau
проводни́к *m* по́езда *m*	Schaffner
продаве́ц/продавщи́ца	Verkäufer/Verkäuferin
прое́хать *v*	vorbeifahren
про́тив	gegen
протрезве́ть *v*	ausnüchtern
прошепта́ть *v*	flüstern
пу́говица *f*	Knopf
пу́сто	leer
пыта́ться *uv*	versuchen
пья́ный	betrunken
ра́достно	freudig
разве́дка *f*	Spähtrupp
райо́н *m*	Stadtbezirk
рак *m*	Krebs (Sternzeichen)
ра́нен	verletzt

расслéдовать *uv/v*	ermitteln
растéрянный	verstört
рекомендáция *f*	Empfehlung
рóдина *f*	Heimat
рóдственник *m*	Verwandter
ромáн *m*	*hier:* Liebesaffäre
Рýки вверх!	Hände hoch!
руль *m*	Lenkrad
рыжий *m*	Rotschopf
рынок *m*	Markt
садóвник *m*	Gärtner
сажáть *v*	stecken
сапóг *m*	Stiefel
свари́ть *v*	kochen
свéжий	frisch
⚡ свóлочь *f*	*hier:* Dreckskerl
селёдка *f*	Hering
сéрдце *n*	Herz
сеть *f*	Netz
сигнализáция *f*	Alarmanlage
скóрая пóмощь *f*	Rettungsdienst
скýчный	langweilig
слáбо	schwach
след *m*	Spur
следи́ть *uv*	*hier:* verfolgen
сли́шком	*hier:* zu viel des Guten
смерть *f*	Tod
смешнó	lustig
сначáла	zuerst
снять *v*	*hier:* etw. abnehmen

собира́ть *uv*	sammeln
собра́ться *v*	sich bereit machen etw. zu tun
сокращённо	abgekürzt
солёный огуре́ц *m*	Salzgurke
сотру́дник *m*	Mitarbeiter
спасти́ *v*	retten
споко́йно	ruhig
спря́таться *v*	sich verstecken
спусти́ться *v*	heruntersteigen
сро́чно	schleunigst
страда́ть *uv*	leiden
стра́шно	*hier:* beängstigend
стук *m*	Klopfen
стуча́ть *uv*	klopfen
сты́дно	peinlich
суеве́рный	abergläubisch
сча́стье *n*	Glück
сы́рник *m*	Quarkpfannkuchen
табли́чка *f*	Schild
та́йна *f*	Geheimnis
тамо́жня *f*	Zollamt
та́ять *uv*	schmelzen
тепе́рь	jetzt, nun
ти́хий	still
тишина́	Stille
то есть	nämlich
то же са́мое	das Gleiche
това́рищ *m*	Genosse
торго́вый це́нтр *m*	Einkaufszentrum
торопи́ться *uv*	sich beeilen

трамва́й *m*	Straßenbahn
тро́гать *uv*	berühren
труба́ *f*	Schornstein
труп *m*	Leiche
ту́фелька *f*	Frauenschuh
тюльпа́н *m*	Tulpe
убежа́ть *v* irr	weglaufen
убива́ть *uv*	töten
убий́ство *n*	Mord
убий́ца **m/f**	Mörder
уби́ть *v*	töten
убо́рщица *f*	Reinigungskraft
уво́литься *v*	kündigen
угрожа́ть *uv*	bedrohen
удово́льствие *n*	Vergnügen
⚡ У́жас!	*hier:* Ein Albtraum!
укра́сть *v*	stehlen
ули́ка *f*	Indiz
улыба́ться *uv*	lächeln
умере́ть *v*	sterben
упа́сть *v*	fallen
управля́ть *uv*	*hier:* verwalten
уса́тый	schnurrbärtig
уста́ть *v*	ermüden
утвержда́ть *uv*	bestätigen
участко́вый *m*	Bezirkspolizist
фона́рик *m*	Taschenlampe
фона́рь *m*	Laterne
фо́рма *f*	*hier:* Uniform
хвост *m*	Schwanz

хозя́ин *m*	*hier:* Besitzer
хотя́	obwohl
хохота́ть *uv*	lauthals lachen
хрома́ть *uv*	hinken
челове́ческого ро́ста	so groß wie ein Mensch
чемпио́н *m* **по спри́нту** *m*	Sprintchampion
чёрный ры́нок *m*	Schwarzmarkt
че́стно	ehrlich
чи́сто	sauber
чихну́ть *v*	niesen
чу́вствовать (себя́) *uv*	(sich) fühlen
шёлк *m*	Seide
шика́рный	schick
шум *m*	Geräusch, Lärm
шу́тка *f*	Scherz
щено́к *m*	Welpe
я́щик *m*	Kiste

Спи́сок упражне́ний